TABLEAUX

HISTORIQUES

DES

PEUPLES MODERNES EUROPÉENS.

TOME I.

HISTOIRE D'ANGLETERRE.

TOUL, IMPRIMERIE DE J. CAREZ.

TABLEAUX

HISTORIQUES

DES

PEUPLES MODERNES EUROPÉENS,

COMPOSÉS

De médaillons renfermant le portrait de chaque prince avec les emblêmes
caractéristiques des principaux évenements de leur regne.

ACCOMPAGNÉS

**D'UN TEXTE EXPLICATIF MIS EN RAPPORT AVEC
LES TABLEAUX.**

PAR

Mᵐᵉ. L. DE Sᵗ. OUEN.

Auteur des tableaux mnémoniques de l'histoire de France.

L'histoire doit être rédigée en forme de tableaux
qui abregent les opérations de l'entendement.

BACON, *chapitre de la nature.*

PARIS,

A LA LIBRAIRIE DE J. CAREZ,

RUE HAUTE FEUILLE Nᵒ. 18.

ET CHEZ EYMERY LIBRAIRE RUE MAZARINE. Nᵉ. 30,

1825

HISTOIRE
D'ANGLETERRE.

DE 800 à 1820.

PRÉFACE.

Les tableaux que nous offrons aujourd'hui, composés sur le même plan que ceux de l'histoire de France, auront comme ceux-ci, l'avantage de présenter les faits d'une manière claire, précise, et avec tous les moyens propres à les fixer dans la mémoire (a).

L'histoire, a dit Bacon, *doit être rédigée en forme de tableaux qui abrégent les opérations de l'entendement*; tel est le but de cette méthode et tel est, j'ose le dire, son résultat. Abrégeant en effet le travail de la mémoire, elle permet d'étendre sans peine et sans confusion, le cercle des connaissances historiques, et trouve même un nouvel avantage dans son application à plusieurs histoires en même temps, en offrant entr'elles des raprochements intéressants, que la simple lecture ne rendrait point aussi faciles. Ici chaque fait étant présenté dans le cadre qui lui ap-

---

(a) Le plan de cette méthode se trouvant détaillé dans la préface de l'histoire de France, je ne rappellerai point ici les avantages qu'elle peut avoir en général; mais seulement ceux qu'elle peut offrir dans son application à plusieurs histoires en même temps et notamment à l'histoire d'Angleterre objet de ce premier volume.

partient respectivement, c'est au même instant et sans les confondre qu'on les voit, qu'on les compare et qu'on les juge.

Par exemple, en portant tour-à-tour ses regards sur le premier tableau de l'histoire d'Angleterre, qui commence au neuvième siècle, et sur un tableau de l'histoire de France d'une époque semblable, sur l'un on apercevra d'abord le médaillon *d'Egbert*, sur l'autre celui de *Charlemagne*, et en même temps les différents emblêmes qui caractérisent le règne de ces deux princes. Aussitôt le rapport est établi; la comparaison est prompte et facile. Ici, Egbert, par son courage, vient de conquérir les sept couronnes de l'heptarchie; là, Charlemagne sur le trône de France étonne le monde par sa valeur, et tous deux sont environnés de gloire. Le ciel avare de ses dons, est rarement prodigue de grands hommes; cependant les deux nations rivales s'honorent à la fois d'un monarque héros, et semblent pour un moment n'avoir plus rien à s'envier.

C'est ainsi qu'en rapprochant deux tableaux des mêmes époques, on verra au premier coup d'œil les principaux évènements arrivés en même temps chez deux nations différentes. Et ces rapprochements en donnant un nouvel attrait à l'étude tourneront au profit de l'instruction.

Après l'histoire de notre propre pays, l'histoire d'Angleterre devait d'abord fixer nos regards. C'est le premier chaînon qui rattache à nos annales, les annales des nations européennes; le voisinage, la rivalité, des guerres fréquentes ont établi trop de rapports entre les deux peuples, pour qu'il ne s'en trouve pas également entre les deux histoires. On ne peut donc étudier l'une sans chercher à connaître l'autre en même temps.

J'ai suivi exactement dans la composition de ces derniers tableaux le principe de lord *Chesterfield*(a) qui veut que dans l'étude de l'histoire on porte une attention bien plus grande sur les évènements des derniers siècles que sur ceux des temps antérieurs, ceux-ci offrant moins d'intérêt en général, et les traditions qui nous les ont transmis étant plus incertaines; on remarquera donc qu'à mesure que les temps se raprochent de nous, les tableaux insensiblement se colorent davantage, et prennent, s'il est permis de parler ainsi, *la teinte* de chaque époque.

(a) « The testimonies of ancient history are weaker than those « of modern, as all testimony grows weaker and weaker as it is « more and more remote from us: But modern history, particularly « that of the three last centuries, should be applied to With the « greatest attention and exactness;There the probability of coming « to the truth is much greater, the testimonies being more recent. » *Chesterfield*.

Cette couleur *caractèristique*, ou si l'on veut cette couleur dominante est produite par la répétition d'emblêmes représentant des faits, différens quelquefois dans leurs circonstances, mais semblables dans leur principe.

C'est ainsi par exemple, que les tableaux des premières époques représentent les incursions souvent renouvelées des Danois, dont les entreprises désastreuses arrêtèrent les progrès de la civilisation jusqu'au règne de Guillaume le conquérant, qui donna au gouvernement anglais plus de consistance.

La dynastie des Plantagenets qui ensuite occupa le trône avec gloire, présente de toutes parts les guirlandes de lauriers; et les signes multipliés de la victoire.

Enfin le dernier tableau, où se trouve le règne des Stuarts, époque de révolutions sans cesse renaissantes ; Ce tableau, dis-je, offre au premier aspect une multitude d'emblêmes dont le plus grand nombre indique les discordes civiles.

Il suffira donc d'un coup d'œil jeté sur chaque tableau pour avoir une première idée des différentes époques qu'ils représentent et que je me suis appliquée à peindre. Un examen plus détaillé fera apercevoir ensuite des nuances plus ou moins prononcées, et le texte enfin achèvera de développer les faits que les emblêmes n'auraient pu qu'imparfaitement indiquer.

Ce texte d'après le principe qui m'a dirigée dans la composition des tableaux, augmentera d'étendue à mesure que l'histoire acquerrera plus d'intérêt en se rapprochant des temps qui nous avoisinent.

Des historiens français et anglais m'ont fourni tour-à-tour des matériaux. Ce sont les derniers surtout que j'ai dû consulter, mais parmi quelques contradictions que j'ai trouvées entre eux, je suis restée *impartiale*. Il y a sans doute peu de mérite à cela dans un ouvrage qui n'est autre chose qu'une simple narration de faits, rarement accompagnée de réflexions. Je dois convenir néanmoins qu'une des parties les plus difficiles de mon travail a été de chercher quelquefois à oublier que j'étais Française; je n'y parvenais pas toujours. par exemple, avais-je à parler des journées de Crécy, de Poitiers, d'Azincourt, si malheureuses pour la France; en me laissant aller à l'impulsion naturelle, j'écrivais *funestes batailles* de Crécy, de Poitiers d'Azincourt etc.; en relisant l'article j'apercevais le contre-sens, j'effaçais alors, il me fallait écrire *célèbre victoire remportée sur les Français !* ... Ces mots étaient pénibles à tracer, et ici ce n'était pas le cœur qui conduisait la plume Avais-je au contraire à décrire nos triomphes qui pour les Anglais étaient des défaites, il fallait encore rectifier des expressions peu exactes et qui répondaient plus à ma pensée qu'à la circonstance. Au reste ce sentiment est si naturel que les Anglais eux-mêmes ne le condamneraient pas. Attachés à leurs devoirs, ils connaissent comme nous l'amour de la patrie, et me pardonneraient sans doute de pleurer sur leurs lauriers et d'applaudir à nos victoires.

En achevant l'histoire de France composée uniquement pour l'instruction de mes enfants, j'étais loin de songer à retracer encore l'histoire des nations voisines; mais un suffrage aussi honorable que flatteur en m'inspirant une vive reconnaissance, a excité de nouveau mon émulation, et j'ai continué mes faibles travaux avec l'espoir et surtout le désir de les rendre utiles. Engagée ainsi dans une route que je me trouve étonnée de parcourir, guidée par l'intention, puissé-je avoir encore pour soutien l'indulgence (a).

Si je n'ai pu semer de quelques fleurs les sentiers souvent arides de l'étude, j'ai cherché du moins à en écarter les épines nombreuses qui souvent en ferment l'entrée à la jeunesse; plus l'instruction est facile, plus elle est géné-

---

(a) Cet ouvrage, ainsi que l'histoire de France composée sur le même p'an, a reçu l'approbation de la société des méthodes d'erseignement, après avoir été examiné par 'e comité des sciences histoiiques; le rapport fait à cette société par Mr. Francœur, a été adressé à l'auteur en l'engageant à hâter la publication de son ouvrage.

(*Note de l'Éditeur.*)

rale; il faut donc s'il se peut, en applanir les difficultés et tel a été mon désir et mon but. Instruire les hommes, n'est-ce pas les rendre meilleurs? n'est-ce pas devancer pour eux l'expérience dont les leçons trop tard acquises se payent souvent bien cher? Interrogeons les siècles écoulés, étudions l'histoire des nations. *Plus nous connaîtrons le passé, mieux nous saurons nous diriger dans l'avenir* (a).

(a) The more we are informed of what is past, we shall be the better enabled to conduct ourselves for the future.

COOPERS. *History of England.*

NOTIONS PRÉLIMINAIRES,

SUR

LA COMPOSITION DES TABLEAUX ET LEURS RAPPORTS
AVEC LE TEXTE EXPLICATIF (a).

Cinq tableaux composent l'histoire d'Angleterre.

1e. Un tableau explicatif des symboles.

2e. Quatre tableaux mnémoniques contenant les médaillons de tous les rois d'Angleterre depuis Egbert jusqu'à Georges III.

(*Nota*). Il est indispensable d'avoir sous les yeux les différents tableaux qui seront successivement l'objet de cette explication.

TABLEAU EXPLICATIF DES SYMBOLES.

Ce tableau présente la figure et donne l'explication de tous les symboles.

En tête de ce tableau est le médaillon d'Henry V donné pour exemple.—L'explication de ce médaillon doit être faite dans l'ordre suivant :

MÉDAILLON SUPÉRIEUR.
(celui qui contient le portrait.)

Henry V — 34.me roi — Race de Plantagenet

(a) Les tableaux de l'histoire d'Angleterre étant composés sur le même plan que ceux de l'histoire de France. Les explications suivantes deviendront inutiles pour les personnes qui déjà connaissent cette méthode.

âgé de vingt-cinq ans à son avènement au trône et de trente-quatre à sa mort—Règne en 1413.

(*Nota.*) L'âge des rois à leur avènement et à leur mort n'est indiqué que depuis Guillaume-le-Conquérant.

MÉDAILLON INFÉRIEUR.
(celui qui contient les emblèmes.)

Pour l'explication de ce médaillon on suit l'ordre des dates placées au-dessous de chaque symbole et faisant renvoi au texte explicatif.

Les chiffres et l'emblême placés au-dessous de la ligne qui est au bas du médaillon s'expliquent ainsi.

Henry régna neuf ans—Mourut de mort naturelle en 511.—Tous les médaillons s'expliquent de même.

On observera que le tableau explicatif ne présente que les figures qui ont quelque chose *d'emblématique*. Il en est d'autres qui étant la peinture immédiate de l'objet, ont une signification positive qui ne demande point d'explication.

TABLEAUX MNÉMONIQUES (*a*).

Les médaillons de tous les rois d'Angleterre sont, comme je l'ai dit, divisés en quatre tableaux où ils se trouvent classés dans l'ordre chronologique.

Le tableau N°. 1.—Contient les rois Anglo-Saxons depuis l'an 800 jusqu'en 1017.

(*a, Mnémoniques.* Destinés à fixer la mémoire.

N°. 2. Rois Danois.—Saxons pour la seconde fois—Et rois Normands depuis l'an 1017 jusqu'en 1154.

N°. 3. Rois Plantagenet depuis l'an 1154 jusqu'en 1485.

N°. 4. Rois Tudor—Stuart—Nassau Orange—et Brunswick Hanovre depuis l'an 1485 jusqu'en 1820.

RÈGLES GÉNÉRALES,

SUR

LA COMPOSITION DES TABLEAUX MNÉMONIQUES.

(Voyez tableau de l'histoire d'Angleterre N°. 1.)

Chaque tableau est divisé par lignes, composées de *cinq médaillons,* quelquefois moins, jamais plus.

Une échelle est jointe au tableau; *chaque division* de cette échelle contient *cinq degrés* correspondant aux *cinq médaillons* de la même ligne.

Cette échelle est divisée dans sa largeur en *deux parties*—Dans la première est le nom de chaque roi—Dans la seconde sont indiqués *les siècles.*

L'objet de cette échelle est d'abord d'établir l'ordre chronologique en fixant les grandes divisions et ensuite d'aider aux recherches qui, par ce moyen, se feront d'une manière prompte et facile.

Veut-on par exemple chercher le médaillon *d'Éthelbert* sur le premier tableau ? on trouve son nom placé dans le *quatrième degré* de la première division de l'échelle; son médaillon alors est *le quatrième dans la première ligne des médaillons* ainsi de suite, etc.

Veut-on savoir promptement sous quel prince un siècle s'est renouvelé ? on suit cette même, échelle et dans le même degré où se trouve l'indication du siècle est en même temps le nom du prince.

Voyez le tableau N°. 1 —Dans le sixième degré est le nom *d'Alfred*; à côté : 10.*me siècle*. C'est donc sous Alfred qu'a commencé le dixième siècle.

Ainsi au moyen de cette échelle qui semble lier entr'elles toutes les parties du tableau, on voit au premier coup d'œil à quel siècle appartient tel ou tel prince, sous quel règne un siècle s'est renouvelé et combien de rois ont vécu pendant sa durée.

Outre l'indication des siècles on a placé dans le haut de l'échelle l'année où commence le premier règne du tableau et au bas l'année où finit le dernier.

TEXTE EXPLICATIF,

RÈGLE GÉNÉRALE SUR LA CORRESPONDANCE AVEC LES TABLEAUX.

Le texte explicatif est divisé par articles correspondants par la date ou un astérisque aux figures ou symboles renfermés dans les médaillons.

Lorsqu'une date est répétée dans le même médaillon, la première fois elle est accompagnée d'un astérisque*, la seconde fois de deux astérisques **, ainsi de suite.

On emploie encore l'astérisque seul * sans date pour une époque non déterminée.

Voyez le quatrième médaillon, règne *d'Ethalbald* — Une branche d'olivier indique que ce règne fut *paisible;* commececi comprend la durée du règne et non point telle ou telle année, c'est un astérisque seul * et non une date qui forme le renvoi.

Pour ne pas interrompre la suite des évènements, on a souvent placé à la fin des règnes et par conséquent des médaillons, les découvertes, inventions, établissements etc. dont on n'a pas précisé l'époque; dans ce cas, l'astérisque seul servira encore de renvoi.

La première date du médaillon faisant renvoi au texte est celle de l'avènement à la couronne.

Cette date placée *au-dessous du portrait* est la seule qui dépende du *médaillon supérieur.*

Toutes les autres se rapportent au *médaillon
inférieur* contenant les emblêmes.

Le renvoi du médaillon au texte se fait donc,
ainsi que nous l'avons vu, tantôt par une date, tantôt par un astérisque.

On remarquera maintenant que les renvois du
texte au médaillon se font par le moyen de quelques
mots EN PLUS GROS CARACTÈRES· Ces mots qui se
trouvent placés quelquefois en tête quelquefois
dans le courant d'un article ont toujours un *rapport direct* avec une des figures du médaillon, et
servent d'indication pour y porter les yeux.

Les évènements étrangers à l'histoire d'Angleterre sont indiqués dans les médaillons par un cercle qui entourant un symbole quelconque, semble
le détacher du tableau dont il n'est qu'une partie accessoire; dans le texte pour éviter également
toute confusion, ces évènements sont distingués
des autres par un caractère plus fin.

On a remarqué que ces différents caractères
en rapport avec les médaillons avaient l'avantage
d'aider au travail de la mémoire, en facilitant les
rapprochements entre l'histoire *écrite* et l'histoire
en figures.

—— ——

INTRODUCTION

A L'HISTOIRE D'ANGLETERRE.

Les anciens Bretons étaient peu connus du reste du monde avant l'invasion des Romains sous Jules César; leur île, d'abord nommée *Albion*, puis *Bretagne*, était divisée en plusieurs petites principautés dont chacune reconnaissait les lois d'un chef unique.

Logés sous le chaume, les Bretons possédaient pour toutes richesses d'immenses troupeaux; la chasse, leur premier plaisir, était aussi leur principale occupation, et fournissait à la fois leur nourriture et leurs vêtements. Ils étaient couverts de fourrures, à l'exception des bras et des jambes, que pour l'ordinaire ils peignaient en bleu; de longs cheveux flottaient sur leurs épaules, ils laissaient croître d'énormes moustaches, en un mot leur costume, comme celui de toutes les nations barbares, semblait calculé pour exciter la terreur et non pour inspirer la confiance et l'amour.

En cas de guerre, on choisissait dans une assemblée générale un chef suprême qui était investi du pouvoir de faire la paix et de commander l'armée. La plus grande force des Bretons consistait dans l'infanterie; quelquefois néanmoins ils faisaient usage de la cavalerie, mais seulement dans les occasions importantes. Ils se servaient encore de chariots de guerre, aux essieux desquels étaient attachées de courtes faux. Les guerriers qui les conduisaient avec la vîtesse de l'éclair, lançaient leurs javelots, portant de toutes parts et l'effroi et la mort.

La religion de ces peuples était une des parties principales de leur gouvernement; les Druides qui en étaient dépositaires, jouissaient de la plus grande autorité. Jamais il ne fut de superstition plus terrible que la leur; non-seulement ils avaient le droit d'infliger les peines les plus sévères, ils sacrifiaient encore des victimes humaines, et les brûlaient dans des idoles d'osier assez vastes pour renfermer une multitude de personnes que les flammes dévoraient ensemble.

A ces rites qui n'étaient propres qu'à faire régner l'ignorance et la terreur, ils opposaient du moins l'austérité de leur vie; habitant les forêts, n'ayant pour abris que des cavernes et des creux d'arbres, ils se nourrissaient de glands, de fruits sauvages , ne connaissaient de boisson que l'eau: C'est ainsi qu'ils s'attiraient le respect, et en quelque sorte, l'adoration des peuples.

Les mœurs des anciens Bretons, semblables à celles des hommes qui les dirigeaient, étaient simples, mais souillées par l'emportement et la cruauté; et s'ils portaient le courage au plus haut degré, ils ne savaient l'ennoblir ni par la persévérance ni par l'humanité.

Tel était l'état de la nation britannique, lorsque Jules César, déjà maître de la Gaule, entreprit cette nouvelle et importante conquête, cinquante-trois ans avant J. C. Il se rendit maître de l'île après avoir vaincu Cassibelaunus qui la défendait.

Soumis aux Romains pendant plus de cinq cents ans, les Bretons, pendant ce temps, firent quelques pas vers la civilisation et tentèrent plus d'une fois de se soustraire à l'esclavage. Enfin Rome qui, pendant plusieurs siècles avait donné des lois aux nations, fléchit sous le poids de sa propre grandeur, et presque tous les peuples reconquirent cette indépendance dont ils avaient été si long-temps et si injustement privés.

Ce fut sous le règne de Valentinien, l'an 453, que les Romains hors d'état de se maintenir dans la grande Bretagne, abandonnèrent cette île, laissant aux habitants la liberté de se choisir à leur gré un gouvernement et des maîtres.

Livrés à eux-mêmes, les Bretons se virent continuellement attaqués par les Pictes et les Écossais, leurs voisins. Trop faibles pour se défendre, ils implorèrent l'appui des Saxons déjà célèbres par leurs exploits; ceux-ci accoururent, chassèrent l'ennemi; mais assez peu généreux pour tromper la confiance d'un peuple qu'ils étaient venus secourir, ils s'emparèrent eux-mêmes de la grande Bretagne, vers l'an 457 et la divisèrent en sept royaumes sous le nom d'*Heptarchie*, savoir: les royaumes de Kent, Northumberland, Estanglie, Merci, Essex, Sussex et Wessex.

Lorsque les Saxons se virent paisibles possesseurs de la grande Bretagne, la division s'établit parmi eux. Après une suite de combats, de ruses, de trahisons, tous ces royaumes particuliers tombèrent au pouvoir d'Egbert roi de Wessex, qui par son mérite était digne de l'empire, et qui par sa prudence sut le conserver. Sous son règne enfin, l'an 828, les différents états qui formaient l'heptarchie saxonne, furent soumis à une juridiction commune.

Le christianisme avait remplacé la religion des Druides, vers la fin du sixième siècle, sous le pontificat de Saint Grégoire. Ethelbert roi de Kent embrassa le premier la religion chrétienne, et son exemple fut suivi généralement dans toute la grande Bretagne.

FIN DE L'INTRODUCTION.

HISTOIRE
D'ANGLETERRE.

ROIS SAXONS,

DEPUIS L'AN 800 JUSQU'EN 1017.

Voyez le tableau N° 1. (1)

EGBERT LE GRAND,

PREMIER ROI SAXON,

de 800 à 838.

800

Egbert, prince d'un mérite distingué, était l'héritier présomptif de la couronne de Wessex. Persécuté par Britrich auquel il devait succéder, il fut contraint de se réfugier à la cour de France, et trouva près de Charlemagne un asile et des leçons.

---

(1) Il est indispensable pour l'intelligence du texte d'avoir sous les yeux le tableau auquel il se rapporte.

800 *

EGBERT avait accompagné à Rome le prince français qui venait d'être proclamé empereur d'Occident, et ce fut là qu'il apprit la mort du roi de Wessex. Rappelé alors dans sa patrie, il s'éloigna à regret. L'acquisition d'une couronne ne le consola point de la perte d'un ami.

CHARLEMAGNE EN SE SÉPARANT D'EGBERT LUI FIT DON DE SA PROPRE ÉPÉE:(*)elle a vaincu mes ennemis, lui dit-il, puisse-t-elle vous aider à dompter les vôtres. Après avoir reçu ce témoignage d'estime du plus grand monarque du monde, Egbert partit pour prendre possession de son royaume.

*   *

Devenu roi de Wessex, Egbert se rend redoutable à ses ennemis par ses talents et sa valeur; rien ne résiste à ses armes, il vole de CONQUÊTES EN CONQUÊTES ET S'EMPARE DES SIX ROYAUMES qui, avec le sien, formaient l'heptarchie.

828

Egbert ayant soumis tous les princes voisins, LES SEPT COURONNES SE TROUVENT RÉUNIES SOUS SA DOMINATION.

Pour donner plus d'éclat à cette autorité nouvelle, on convoque à Winchester une assemblée

---

(*) Les mots en PETITES CAPITALES ont un rapport direct avec une des figures du médaillon, et servent d'indication pour porter les yeux sur le tableau et faire le rapprochement entre l'évènement décrit et l'objet qui le représente.

générale dans laquelle ce prince est solennellement COURONNÉ ROI D'ANGLETERRE, dénomination
sous laquelle l'ancienne Bretagne fut alors désignée.

Ainsi finit L'HEPTARCHIE SAXONNE, après avoir
duré quatre cents ans.

829

Les Danois ou Normands, (hommes du Nord,)
habitaient les contrées que borde la Baltique, et
par leurs sanglantes excursions inquiétaient souvent les états voisins. Ces barbares dirigeant leur
fureur sur l'Angleterre, allaient ravager ce royaume, lorsque Egbert remporte sur eux UNE VICTOIRE
COMPLÈTE et les force à regagner leurs vaisseaux.

833

Nouvelle excursion des Danois, plus redoutable
encore que la première; ILS BRULENT, SACCAGENT
LES VILLES ET LES CAMPAGNES. Le royaume est réduit au plus affreux esclavage.

834

Egbert délivre encore son pays, et VAINQUEUR
DES DANOIS, il les contraint de nouveau à repasser
les mers.

838

Ce prince, qui reçut et mérita le nom de *grand*,
MOURUT couvert de gloire, après avoir régné tren-
te-huit ans, à compter du moment où il fut roi de
Wessex, et dix ans depuis la réunion de l'heptarchie.   1*

ETHELWOLF,

DEUXIÈME ROI SAXONS,

de 838 à 857.

838

ETHELWOLF, fils d'Egbert lui succéda, mais il n'hérita ni de ses talents ni de son courage.

838*

Les Danois pénètrent de nouveau en Angleterre et continuent leurs ravages. Quoique souvent repoussés, ils parviennent à former un établissement dans L'ÎLE DE THANET.

839

Ethelwolf réunit ses forces contre les Danois, et remporte sur eux une VICTOIRE COMPLÈTE.

857

MORT D'ETHELWOLF

Ce prince, rempli de zèle pour la religion catholique qu'il professait, avait fait un pélerinage à Rome. En revenant dans ses états, il connut et épousa *Judith*, fille de Charles le Chauve, roi de France.

De retour en Angleterre, Ethelwolf trouva son second fils Ethelbald, maître de l'état et peu disposé à lui en céder les rênes; il lui abandonna une partie du royaume, et mourut peu de temps après ce partage, laissant quatre fils de sa première femme; Ethelbald, Ethelbert, Ethelred et Alfred. Ces quatre princes régnèrent successivement.

ETHELBALD,

TROISIÈME ROI SAXON,

de 857 à 860.

857

ETHELBALD, déjà maître d'une partie du royaume que lui avait abandonné son père, se trouve par sa mort seul possesseur de la couronne dont il était peu digne; il se déshonore par des vices qui le rendent odieux.

*

La PAIX règne néanmoins dans l'état, Ethelbald maintient les Danois dans la crainte.

860

Il MEURT, méprisé de ses peuples qui ne purent le voir sans horreur devenir l'époux de Judith, sa belle-mère.

ETHÉLBERT,

QUATRIÈME ROI SAXON,

de 860 à 866.

860

Ethelbert, prince digne de régner, succède à Ethelbald son frère.

*

Continuation de la paix, Ethelbert ainsi que son prédécesseur s'oppose à de nouveaux établissements des Danois.

866

Le roi meurt regretté de ses sujets.

ETHELRED,

CINQUIÈME ROI SAXON,

de 866 à 872.

866

ETHELRED, frère d'Ethelbert, règne après lui.

870

Nouvelle incursion des Danois, ILS BRULENT LES VILLES, DÉTRUISENT LES ÉGLISES ET LES MONASTÈRES. Ayant pénétré dans la province de Merci, ils prennent leur quartier d'hiver à Nottingham.

870*

Ethelred combat les Danois et remporte sur eux UNE GRANDE VICTOIRE.

Il eut pour compagnon de ses exploits son jeune frère *Alfred* qui, dans la suite, fut surnommé *le grand.*

872

Ethelred attaqué de nouveau ne peut résister aux Danois, il est VAINCU et blessé mortellement.

872*

LE ROI MEURT DE SES BLESSURES et laisse la monarchie sur le penchant de sa ruine.

ALFRED LE GRAND,

SIXIÈME ROI SAXON,

de 872 à 900.

872

ALFRED, quatrième fils d'Ethelwolf, succède à son frère Ethelred ; ce prince un des plus grands rois qui aient régné sur l'Angleterre, unissait à l'extérieur le plus avantageux d'éclatantes vertus, et semblait né pour réparer les maux de sa patrie et honorer l'humanité.

872*

A peine monté sur le trône, Alfred est forcé de prendre les armes contre les Danois et remporte sur eux la VICTOIRE.

876

Les DANOIS reparaissent de nouveau, ayant à leur tête ce *Rollon*, leur chef qui, depuis, devint duc de Normandie ; sous ses ordres ils continuent leurs RAVAGES avec plus de fureur que jamais.

876*

Alfred abandonné d'une partie de ses troupes, ne peut résister à ces barbares, il est VAINCU et contraint de chercher un asile dans une solitude ignorée de ses ennemis.

876**

Réfugié dans la CABANNE D'UN PATRE, ALFRED attend l'occasion de chasser les oppresseurs de son pays. Là, DÉPOUILLÉ DES ORNEMENTS ROYAUX, REVÊTU D'UN HABIT DE BERGER, il charme ses ennuis par la MUSIQUE, et supporte ses malheurs par l'espoir d'une meilleure fortune.

Alfred avait confié le secret de sa retraite à un grand nombre de ses partisans. Cette troupe d'élite , fidèle à son prince attendait, dans les forêts voisines, le premier signal pour voler au combat.

878

ALFRED DANS LE CAMP DES DANOIS.

Il était important de connaître la position et les forces de l'ennemi: personne n'osait se charger d'un soin si dangereux. Mais ALFRED, lui-même, pénètre DANS LE CAMP DES DANOIS, VÊTU EN BERGER, UNE HARPE A LA MAIN; il leur plaît tellement par ses chants qu'ils le conduisent à GUTHRUM LEUR PRINCE. Là, il remarque l'imprudente sécurité des Danois, examine tout, forme son plan d'attaque et se retire pour l'exécuter.

878*

Alfred donne le signal convenu, et ses fidèles soldats accourent sous ses drapeaux; IL LIVRE LA BATAILLE, REMPORTE UNE VICTOIRE COMPLÈTE, LI REPREND SA COURONNE.

Les Danois surpris de voir une armée anglaise,

lorsqu'ils croyaient la nation soumise, ne firent qu'une faible résistance, et se rendirent à discrétion; Alfred leur fit grâce, à condition que Guthrum leur chef embrasserait le christianisme, et qu'il s'établirait avec les siens dans l'Estanglie et le Northumberland.

*

BELLES ANNÉES DU RÈGNE D'ALFRED.

ALFRED par sa prudence et sa valeur, avait acquis une gloire immortelle et sut y ajouter encore. Adoré de ses sujets, il fit régner avec lui LA JUSTICE ET LA PAIX. Il favorisa LES ARTS ET LES SCIENCES qu'il cultivait lui-même avec succès. Excellent historien, il passait encore pour le meilleur poëte saxon de son temps, et a laissé plusieurs ouvrages qui sont parvenus jusqu'à nous.

Les Anglais avant Alfred étaient plongés dans une profonde ignorance; il établit des écoles et fonda l'université d'Oxford: LES LETTRES, L'AGRICULTURE, LE COMMERCE, LA MARINE, rien enfin n'échappa à son zèle et à la sagesse de son gouvernement. C'est ce Prince qui le premier divisa l'Angleterre en comtés.

900

Alfred MEURT après un règne de trente-trois ans, un des plus glorieux de la monarchie anglaise; il agrandit ses états, les princes voisins lui rendirent hommage, en un mot il emporta au tombeau le surnom *de grand* que lui a confirmé la postérité.

ÉDOUARD L'ANCIEN,

SEPTIÈME ROI SAXON,

de 900 à 925

900

ÉDOUARD, fils du grand Alfred, succède à son père qu'il n'égala que par les talents militaires; il fut surnommé *le vieux* ou *l'ancien;* parceque dès l'enfance il avait des cheveux gris.

920

Ethelwald, cousin germain d'Édouard et fils d'Ethelred, prétend avoir des droits à la couronne; il veut les faire valoir, mais les Anglais refusent de se joindre à lui; il s'unit aux Danois pour combattre Édouard; celui-ci est VAINQUEUR DU PRINCE REBELLE ET DE SES ALLIÉS (*).

Délivré d'un dangereux concurrent, le monarque anglais devint paisible possesseur du royaume; il se fit craindre de ses ennemis, et comme Alfred, il força les peuples voisins à lui rendre hommage.

(*) Voyez le médaillon d'Édouard an 920. —Les deux épées jointes au char indiquent une guerre à la fois *guerre civile* et *guerre étrangère.* Édouard ayant eu à combattre en même temps un prince Anglais et les Danois.

925

MORT D'ÉDOUARD.

Ce prince, bien inférieur à son père pour l'esprit et l'érudition, protégea néanmoins les sciences et fonda l'université de Cambridge.

ATHELSTAN,

HUITIÈME ROI SAXON,

de 925 à 940.

925

Athelstan, fils naturel d'Édouard, lui succéda au préjudice des fils légitimes de ce monarque, trop jeunes pour défendre leurs droits. Ce prince par ses grandes qualités fit oublier qu'il n'était pas né pour le trône.

*

VICTOIRES SUR LES DANOIS ET LES ÉCOSSAIS.

Les Danois s'étant révoltés, un de leurs chefs se réfugia auprès de Constantin, roi d'Écosse, qui refusait de livrer le rebelle, Athelstan eut recours aux armes, et VAINQUEUR DES DANOIS ET DU ROI D'ÉCOSSE, il força ce dernier à se déclarer son vassal.

929

Charles le Simple, roi de France, ayant été DÉTRÔNE par ses sujets, meurt dans la CAPTIVITÉ (*).

(*) Dans les médaillons les évènements *étrangers* à l'histoire d'Angleterre, sont désignés par un *cercle* qui entoure un symbole quelconque. Dans le texte les mêmes évènements sont distingués des autres par un caractère plus fin.

La reine épouse de Charles, était sœur d'A-
thelstan. Le monarque anglais lui donna asile
ainsi qu'au jeune prince son fils qui régna en
France quelques années après sous le nom de
Louis d'Outremer.

**

Athelstan, maintient LA PAIX et la tranquillité
dans le royaume; il se fait adorer de ses sujets,
craindre de ses ennemis et estimer des plus grands
princes de l'Europe.

940

Ce prince MEURT, regretté de ses peuples et
avec la réputation du meilleur des rois.

EDMOND,

NEUVIÈME ROI SAXON,

de 940 à 946.

940

Edmond, fils d'Édouard succède à son frère Athelstan.

944

La jeunesse de ce prince, réveille les espérances des Danois Northumbres qui se révoltent de nouveau. Edmond va les combattre; il est vainqueur, et fait de nouveau embrasser le christianisme à ce peuple qui tour à tour abandonnait et reprenait cette religion.

946

MORT D'EDMOND.

Ce prince allait recueillir le fruit de ses victoires, lorsqu'un évènement fatal vint l'enlever à ses sujets.

Un jour, au milieu d'un festin qu'il donnait à Glocester, il aperçut un brigand fameux, nommé Léolf qui avait eu l'audace de se mêler parmi les convives; transporté de colère, il s'élance, va le

saisir au moment où Léolf lui plonge un poignard dans le sein. Ce malheureux prince expire
au même instant.

EDRED,

DIXIÈME ROI SAXON,

de 946 à 955.

946

Edred succède à Edmond son frère, et comme lui, il eut à réprimer les Northumbres qui sans cesse faisaient de nouveaux efforts pour secouer le joug.

946*

L'abbé Dunstan, d'abord le directeur, puis le ministre d'Edred, gouverne l'Église et l'état.

955

Edred meurt sans avoir régné; l'abbé Dunstan, plus roi que le roi même, profita de sa puissance pour enrichir l'Église et les monastères.

EDWIN,

ONZIÈME ROI SAXON,

de 955 à 959.

955

Edwin, fils d'Edmond, succède à son oncle Edred, dont les enfants n'étaient pas en âge de gouverner.

L'abbé Dunstan voulut en vain conserver l'autorité; Edwin s'y opposa, et fut dès le commencement de son règne en querelle ouverte avec lui.

957

MORT TRAGIQUE D'ELGIVE.

Edwin, touché de la beauté de cette jeune princesse, l'avait épousée quoiqu'elle fut sa parente au troisième degré. En but aux persécutions de l'abbé Dunstan, LA MALHEUREUSE ELGIVE fut arrachée des bras de son époux, traitée avec ignominie et exilée ensuite en Irlande. Elle était parvenue à S'ÉVADER DE SA PRISON, lorsqu'elle fut arrêtée dans sa fuite par les ÉMISSAIRES de l'archevêque de Cantorbéry (Odo), et ASSASSINÉE par eux de la manière la plus barbare.

2*

959

UNE RÉVOLTE générale éclate contre Edwin; DUNSTAN se met à la tête des rebelles et fait couronner le jeune Edgard, frère du roi.

959*

EDWIN, abandonné d'une partie de ses partisans, est obligé de consentir au PARTAGE DU ROYAUME.

959**

Tant de malheurs conduisirent ce prince au tombeau, et SA MORT laissa Edgard paisible possesseur du trône d'Angleterre.

EDGARD LE PACIFIQUE,

DOUZIÈME ROI SAXON,

de 959 à 975.

959

EDGARD, âgé de seize ans, est proclamé roi à la mort d'Edwin son frère: ce jeune prince ami de la paix, mais plein de fermeté et de prudence, sut contenir ses ennemis dans la crainte et ses sujets dans le devoir.

959*

Edgard rappelle L'ABBÉ DUNSTAN, ministre tout-puissant sous Edred et chassé par Edwin. Devenu successivement évêque de Worcester et archevêque de Cantorbéry, Dunstan acquiert plus d'influence que jamais dans le gouvernement.

968

VICTOIRES D'EDGARD.

Edgard fut le premier roi d'Angleterre qui étendit son domaine hors de l'ancienne Bretagne; ayant soumis une partie de l'Irlande et les Iles circonvoisines jusqu'en Norvége, il DOMPTA encore LES GALLOIS, et pour tribut exigea trois cents TÊTES DE LOUPS tous les ans.

Edgard, voulant détruire à jamais dans le royaume ces animaux qui désolaient les campagnes, imposa à proportion la même peine à certains criminels, qu'il exemptait par là d'une plus grande punition. C'est depuis cette époque que l'Angleterre est délivrée de cet ennemi des troupeaux.

970

ETHE WALD POIGNARDÉ.

Edgard voulait épouser Elfride, fille du comte de Devon, dont on vantait la beauté, quoiqu'elle n'eut jamais paru à la cour; pour s'assurer de la vérité, le roi envoie près d'elle Ethelwald son favori, mais celui-ci frappé des charmes d'Elfride, en devient amoureux lui-même, l'épouse et fait à Edgard de faux rapports qui le détournent de l'union projetée. Le roi, dans une visite qu'il fit à son favori, aperçut sa femme, reconnut la trahison et résolut de se venger.

Peu de temps après, dans une partie de chasse, le malheureux favori tomba percé de coups au milieu de la forêt.

Quelques auteurs prétendent que le prince outragé le POIGNARDA de sa propre main; d'autres qu'il commanda seulement L'ASSASSINAT.

Après la mort d'Ethelwald, Elfride, entraînée par le roi, se rendit à la cour où son mariage fut bientôt célébré.

Edgard fut surnommé LE PACIFIQUE parcequ'il aimait LA PAIX; il eut souvent l'art d'éloigner la guerre en se faisant redouter de ses ennemis. Sous son règne on ne vit point les Danois Northumbres se révolter; ils n'osaient approcher d'un pays qui paraissait si bien en état de se défendre.

975

Edgard MEURT regretté de ses sujets; sa réputation avait attiré un grand nombre d'étrangers en Angleterre; leur commerce adoucit l'austérité et la rudesse des Anglais, contribua beaucoup à étendre leurs connaissances; et à les guérir d'une partie des préjugés dont les peuples non civilisés sont presque toujours esclaves. Edgard favorisa les progrès de la marine anglaise et augmenta, dit-on, la flotte royale d'un grand nombre de vaisseaux.

ÉDOUARD LE MARTYR,

TREIZIÈME ROI SAXON,

de 975 à 979.

975

ÉDOUARD, fils aîné d'Edgard, est appelé au trône malgré les intrigues d'Elfride sa belle-mère, qui prétend donner la couronne à Ethelred son fils.

979

MORT D'ÉDOUARD.

La fin tragique de ce prince est le seul évènement mémorable de son règne. Chassant un jour près d'un CHATEAU où résidait sa belle-mère Elfride, il croit de son devoir d'y entrer, quoique seul et sans suite : dévoré par la soif il demande qu'on lui SERVE A BOIRE sur son cheval ; mais, tandis qu'il PRÉSENTE LA COUPE A SES LÈVRES, il reçoit dans le DOS UN COUP D'ÉPÉE QUE LUI PORTE UN DOMESTIQUE D'ELFRIDE, complice elle-même de cet attentat. Le roi se sentant blessé veut fuir, les forces l'abandonnent, il tombe, son cheval l'entraîne, et il expire enfin, victime d'une odieuse·trahison.

Elfride déchirée de remords expia, dit-on, son crime par une austère pénitence.

ETHELRED II,

QUATORZIÈME ROI SAXON,

de 979 à 1016.

979

Ethelred II, fils d'Edgard et d'Elfride, succède au malheureux Édouard. Ce monarque faible, irrésolu, était aussi incapable de gouverner le royaume que d'en assurer la défense.

995

Les Danois, ayant à leur tête Sweyn leur prince, pénètrent sur plusieurs points de la côte, et y portent la terreur et le ravage qui accompagnent toutes leurs expéditions.

1002

MASSACRE DES DANOIS.

Ethelred voulut en vain résister à ces barbares, ils formaient sans cesse de nouveaux établissements dans l'île où ils vivaient confondus avec les Anglais. Ne pouvant les vaincre par les armes, on résolut de s'en défaire par un massacre général. Ethelred, qui avait la politique des princes faibles, adopta un moyen aussi honteux que barbare. Le complot s'ourdit en secret, et le même jour tous LES DANOIS qui étaient en Angleterre furent mis à MORT. Cet affreux attentat prépara de nouvelles calamités.

1004

Ramené par la vengeance, le redoutable Sweyn reparaît sur la côte à la tête D'UNE FLOTTE IMMENSE. L'Angleterre RAVAGÉE de nouveau reconnaît la loi du vainqueur.

1005

ETHELRED DÉTRÔNÉ fuit en Normandie et laisse le monarque danois tranquille possesseur de la couronne; mais ce prince se rendit bientôt odieux par sa cruauté et sa tyrannie.

1013

Les Anglais souffrant impatiemment un joug étranger, Ethelred est rappelé; il revient soutenu par le duc de Normandie, et VAINQUEUR des Danois il les force d'abandonner l'Angleterre.

1013*

ETHELRED REMONTE SUR LE TRÔNE, mais son indolence qui l'en avait précipité, l'exposa de nouveau à en descendre; Sweyn était mort : *Canut* ou Canute qui lui avait succédé revint bientôt attaquer l'Angleterre à la tête d'une nombreuse armée.

1016

MORT D'ETHELRED II.

Tremblant de tomber au pouvoir de ses ennemis, Ethelred s'était enfermé dans la ville de
Londres, où il mourut après trente cinq ans d'un
règne malheureux, ne laissant d'autre ressource
à l'Angleterre que son fils Edmond, jeune prince,
qui déjà s'était signalé par une valeur héroïque.

Sous ce règne fut établi le *Dangelt*, impôt
d'un schelling par hyde , sur toutes les terres
du royaume; cet impôt était destiné à se prémunir
contre les Danois ou à obtenir la paix de ces barbares. *L'Hyde* est la quantité de terre qu'une
charrue peut labourer en un jour.

EDMOND II,

SURNOMMÉ CÔTE DE FER.

QUINZIÈME ROI SAXON,

de 1016 à 1017.

1016

EDMOND, fils d'Ethelred lui succéda. Sa force étonnante le fit surnommer *côte de fer* : ce prince ne fut élu que par la ville de Londres. Canut, maître d'une partie de l'Angleterre, fut proclamé roi par les Danois, et reconnu par les provinces qui leur étaient soumises.

1016*

Edmond dispute vaillamment l'empire à Canut : son courage, la fermeté de son caractère inspirent la confiance aux Anglais ; ils viennent en foule se ranger sous ses drapeaux et bientôt en état de balancer la puissance des Danois, il leur livre bataille et REMPORTE LA VICTOIRE.

1016**

LA VILLE DE LONDRES, défendue par Édouard, est ASSIEGÉE PAR LES DANOIS ; repoussés de toutes parts, ils sont contraints de renoncer à cette entreprise.

1016***

La guerre se poursuit avec chaleur, Edmond et Canut se distinguent également par leur bravoure; mais Edmond, victime de la trahison d'Edric son beau-frère, ne peut résister au nombre et PERD UNE GRANDE BATAILLE où périt presque toute la noblesse anglaise.

1017

Fatigués d'une guerre funeste, les deux princes se décident à conclure UN TRAITÉ par lequel ILS PARTAGENT LE ROYAUME. Canut se réserve les provinces septentrionales; celles du Midi sont données à Edmond, par cet arrangement ILS CONSERVENT L'UN ET L'AUTRE UNE COURONNE.

1017*

Edmond MEURT ASSASSINÉ par un de ses chambellans; on soupçonna le traître Edric d'avoir participé à sa mort.

Ce prince admiré par sa valeur, fut aimé pour sa bonté et méritait un règne plus long, et une fin moins funeste; il laissa deux fils Edmond et Édouard.

FIN DU PREMIER TABLEAU.

ROIS DANOIS,

DEPUIS L'AN 1017 JUSQU'EN 1041

Voyez le tableau N° 2.

CANUT LE GRAND,

PREMIER ROI DANOIS,

de 1017 à 1036

1017*

Canut, fils de Sweyn, roi de Danemarck, succéda seul à Edmond II, quoique ce dernier eut laissé deux fils. Quelques historiens prétendent que Canut les livra au roi de Suède son ami et son allié, pour les faire périr en secret, et qu'ils ne durent la vie qu'à la générosité de ce prince; mais ce fait est incertain et lorsqu'un crime affreux n'est pas avéré, il est au moins consolant de pouvoir le révoquer en doute.

1017*

Canut, devenu paisible possesseur du royaume, RÉUNIT LES DEUX COURONNES D'ANGLETERRE et de

DANEMARCK: il épousa Emma veuve d'Ethelred et sœur de Richard duc de Normandie. Par ce mariage. il concilia les intérêts des deux peuples.

1020

₊CONQUÊTES EN SUÈDE ET EN NORVÉGE, ᴇᴛᴄ.

Canut, ayant établi sa domination en Angleterre, va défendre le Danemarck contre les ennemis qui viennent l'attaquer: ᴠᴀɪɴǫᴜᴇᴜʀ ᴇɴ Sᴜᴇᴅᴇ, il l'est encore en Nᴏʀᴠᴇ́ɢᴇ, détrône le roi Olaüs et devient ainsi le maître ᴅ'ᴜɴᴇ ᴛʀᴏɪsɪᴇ̀ᴍᴇ ᴄᴏᴜʀᴏɴɴᴇ.

1032

ᴠɪᴄᴛᴏɪʀᴇ sᴜʀ ʟᴇs ᴇ́ᴄᴏssᴀɪs.

Canut ᴅᴇ́ᴄʟᴀʀᴇ la guerre à Malcolm roi d'Écosse, et ᴠᴀɪɴǫᴜᴇᴜʀ de ce prince, il le força à lui rendre hommage. Ainsi par ses talents et ses, conquêtes, le monarque danois parvient au plus haut degré de la puissance.

*

Cᴀɴᴜᴛ était sans cesse l'objet de la flatterie des courtisans qui le nommaient le roi des rois, le maître de la terre, et de la mer, etc. Pour leur prouver que sa puissance avait des bornes, un jour tandis que la marée montait, ɪʟ s'ᴀssɪᴇᴅ ᴀᴜ ʙᴏʀᴅ ᴅᴇ ʟᴀ ᴍᴇʀ et commande aux flots de se retirer. » Vous êtes sous ma domination, s'écrie-t-il, » la terre sur laquelle je suis m'appartient, je vous » défends d'approcher et de mouiller les pieds de

« votre souverain !..... » Il feint d'attendre quelques moments l'effet de ses ordres, jusqu'à ce que L'EAU COMMENCE A L'ENVIRONNER ; alors se retournant vers ses courtisans, il leur dit: « les titres de *sei-* « *gneur* et de *maître* n'appartiennent qu'à ceux « à qui la terre et la mer obéissent. »

******

Jamais l'Angleterre ne fut plus florissante que sous le règne de ce grand prince, IL RÉTABLIT LA PAIX, RAMENA L'ABONDANCE et traita avec une parfaite égalité les Anglais et les Danois soumis à son empire. Il répandait ses grâces indistinctement sur LES DEUX PEUPLES, et par là il trouva le moyens de consolider leur UNION (a).

1036

Canut MEURT couvert de gloire; si sa puissance lui fit donner le surnon de *grand*, il le mérita plus encore par ses vertus.

Il laissa trois fils. *Sweyn*, qui fut couronné roi de Norvége, *Hardicanut* roi de Danemarck, et Harold roi d'Angleterre.

(a) Voyez le médaillon de Canut. *Deux branches de vignes entrelacées* désignent l'union des deux peuples.

Les cornes d'abondance, indiquent d'abord l'abondance dont elles sont l'emblème, elles expriment en même temps une parfaite égalité dans la distribution des grâces du souverain sur les deux peuples.

HAROLD Ier,

DEUXIÈME ROI DANOIS;

de 1036 à 1039.

1036

HAROLD, fils du grand Canut, lui succéda mal-gré les efforts d'Hardicanut son frère qui lui-même prétendait à la couronne.

Godwin, comte de Kent, un des seigneurs les plus puissants de l'Angleterre, contribua par son influence à faire proclamer Harold.

1036*

GODWIN s'empare de l'autorité, et sous le titre de MINISTRE gouverne l'état.

1039

MORT D'HAROLD.

Ce prince auquel les historiens reprochent les vices les plus honteux, meurt accablé du mépris de ses peuples; il n'eut dit-on d'autre mérite que d'être léger à la course, ce qui le fit surnom-mer *pieds de lièvre*, (Harefoot).

HARDICANUT,

TROISIÈME ROI DANOIS,

de 1039 à 1041.

1039

Hardicanut succède à Harold, son frère et comme lui se rend odieux à ses sujets.

1039*

Godwin conserve l'autorité, et gouverne l'état comme sous le règne précédent.

1041

Le roi meurt des excès auxquels il s'était livré aux fêtes nuptiales d'un seigneur saxon. On disait de lui qu'il égalait son frère en vices et le surpassait en cruauté.

ROIS SAXONS,

POUR LA SECONDE FOIS.

DEPUIS L'AN 1041 JUSQU'EN 1066.

Voyez le Tableau N°. 2.

ÉDOUARD LE CONFESSEUR,

SEIZIÈME ROI SAXON,

de 1041 à 1665.

1041

Lassés de l'administration des monarques da-nois, les Anglais veulent rappeler au trône un prince de la ligne saxonne.

Édouard, fils d'Ethelred II, et d'Emma, s'était refugié en Normandie; il est proclamé roi au pré-judice des deux fils d'Edmond II, véritables héri-tiers de la couronne, mais qui avaient été bannis du royaume à la mort de leur père.

1041*

Godwin conserve une grande influence dans le gouvernement et parvient à faire épouser à Édouard, Édith, sa fille. Par cette union le mi-nistre devient plus roi que le roi même.

3*

1050

GODWIN SE RÉVOLTE contre Édouard qui voulait mettre des bornes à sa puissance. Les deux partis vivement animés, allaient en venir aux mains, lorsque Godwin ayant imploré la clémence du monarque obtint avec son pardon, son entier rétablissement.

Dès ce moment tout plia sous l'orgueilleux ministre, et les Normands qui avaient suivi Édouard, furent contraints de repasser en France.

1053

GODWIN MEURT subitement; le roi est ainsi délivré pour toujours d'un homme dangereux, capable de tout sacrifier à son ambition.

1055

GUERRE CONTRE LES ÉCOSSAIS.

Sous ce règne, la tranquillité ne fut troublée que par des guerres peu importantes; la plus remarquable est celle que l'on fit aux Écossais. MAC-BETH, leur roi, fut TUÉ DANS UNE BATAILLE gagnée par les Anglais.

1060

Édouard fit goûter à son peuple les douceurs et les avantages de LA PAIX; il forma un recueil des meilleures lois de ses prédécesseurs et ordonna qu'elles fussent suivies par tous ses sujets, *sans exception*, ce qui leur fit donner le nom de

LOIS COMMUNES. Elles furent toujours depuis respectées en Angleterre.

1065

MORT DU ROI.

Édouard ayant fait un vœu indiscret de chasteté, meurt sans laisser d'héritier, il avait donné des espérances à son parent , Guillaume, duc de Normandie. Nous verrons les prétentions de ce prince combattues par celles d'Harold fils de Godwin.

La piété de ce monarque, le fit placer au rang des saints; le pape Alexandre III le canonisa sous le nom *d'Édouard le confesseur.* Il lui attribua le don de prophétie et le privilége de guérir les écrouelles, privilége que s'arrogèrent également ses successeurs jusqu'à Guillaume III, qui fut assez sage pour y renoncer volontairement.

HAROLD II,

DIX-SEPTIÈME ROI SAXON,

de 1065 à 1066.

1065

Harold, fils de Godwin, s'étant concilié l'amour du peuple, fut proclamé roi à la mort d'Édouard le confesseur au préjudice du prince Edgard, qui avait des droits au trône comme fils d'Edmond II. Harold eut encore pour concurrent Guillaume, duc de Normandie, prince non moins habile que brave, et qui prétendait que la couronne lui appartenait de droit, d'après les dispositions du dernier roi.

1065*

GUERRE CIVILE ET ÉTRANGÈRE.

Tosti, second fils de Godwin, jaloux de l'é-lévation de son frère, prend les armes contre lui et parvient à entraîner le roi de Norwége dans son parti. Les deux alliés se présentent à la tête d'une puissante armée: Harold marche aussitôt contre eux et REMPORTE UNE VICTOIRE COMPLÈTE qui coûta la vie à Tosti, et au roi de Norwége. Une partie de l'armée ennemie resta sur le champ de bataille.

1066

DÉBARQUEMENT DE GUILLAUME.

A peine Harold est-il délivré d'un dangereux rival, qu'il s'en présente un autre plus dangereux encore. Guillaume, duc de Normandie ose entreprendre la conquête de l'Angleterre. Un testament vrai ou faux fait son titre. Sa réputation et celle de ses Normands attirent sous ses drapeaux une foule de guerriers. Le pape lui-même favorise son entreprise, il déclare qu'Harold est un usurpateur, et envoie au duc l'étendard de Saint Pierre, comme le gage d'une victoire juste et infaillible.

GUILLAUME paraît enfin à la TÊTE D'UNE FLOTTE IMMENSE et débarque sur la côte de Sussex avec soixante mille hommes magnifiquement équipés. Ayant fait un faux pas en abordant au rivage, IL TOMBE SUR SES MAINS. « Je prends possession « de l'Angleterre, s'écrie-t-il aussitôt, je la saisis « des deux mains. » Des esprits faibles auraient pu tirer de fâcheux augures de sa chute, sa présence d'esprit semble ajouter à la confiance qu'inspire son entreprise.

Il s'avance vers Londres, Harold résolu de soutenir ses droits, ne veut se prêter à aucun arrangement et répond aux propositions de Guillaume, que le Dieu des batailles décidera de son sort: en effet il prend aussitôt les armes et vole au combat.

1066*

CÉLÈBRE BATAILLE D'HASTINGS.

Jamais l'Angleterre ne vit deux armées si formidables se disputer l'empire. La victoire balancée, fut long-temps incertaine, les deux princes combattaient avec une 'égale valeur, lorsqu'Harold voulant faire un dernier effort, tombe blessé mortellement et PERD A LA FOIS LA BATAILLE, LA COURONNE ET LA VIE.

En lui finit la dynastie saxonne en Angleterre; après avoir occupé le trône près de six cents ans, à dater de l'établissement des Saxons dans la grande Bretagne, et deux cents quatorze ans (en deux fois différentes), depuis la réunion de l'heptarchie.

Les mœurs et les usages des Anglo-Saxons à cette époque ressemblaient sous beaucoup de rapports à ceux des Français sous la première race: une assemblée des seigneurs et des évêques décidait des lois et des affaires majeures, les crimes étaient punis par des peines pécuniaires, le duel et les épreuves décidaient également entre l'innocent et le coupable.

On distinguait trois classes d'habitants : les *thanes* ou seigneurs, les *keorls* ou fermiers, et les *esclaves*. Tous les hommes libres faisaient partie de la milice dont le commandement était confié aux nobles seulement.

ROIS NORMANDS,

DEPUIS L'AN 1066 JUSQU'EN 1154.

Voyez le Tableau. N°. 2.

GUILLAUME Ier.

DIT LE CONQUÉRANT,

PREMIER ROI NORMAND.

de 1066 à 1087.

1066

GUILLAUME était fils naturel de Robert, duc de
Normandie et fut un des plus grands capitaines de
son siècle; après avoir vaincu Harold à la bataille
d'Hastings, il s'avança vers Londres qui lui ouvrit ses portes et reconnut son autorité. Quelques
partisans d'Edgard Atheling, héritier du trône,
voulurent en vain défendre les droits de ce prince;
Guillaume vit dans ses succès un titre plus assuré
et s'empara d'une couronne que la nation entière
lui offrait comme au plus digne. Edgard lui-
même y renonça en sa faveur.

1066*

Voulant donner à ses droits la sanction la plus solennelle, GUILLAUME SE FAIT COURONNER à Westminster par l'archevêque d'Yorck et prête le serment qu'avaient toujours prêté les monarques Saxons. Il jure d'observer les lois du royaume et de gouverner avec impartialité. En effet il chercha d'abord à consolider sa puissance par sa modération; mais après avoir inspiré la confiance et l'amour, il ne tarda pas à exciter le mécontentement et la crainte.

1066**

RÉVOLTE DES ANGLAIS.

Guillaume ayant affermi sa conquête, était allé en Normandie recevoir les félicitations de ses anciens sujets; les Anglais n'étant plus retenus par la terreur qu'inspirait sa présence, tentèrent alors de recouvrer leur liberté; mais le roi instruit de ce complot revint aussitôt en Angleterre, et la punition des coupables mit un terme à la rebellion.

N'osant plus se fier aux Anglais, Guillaume les traite en nation conquise, les prive de leurs biens, de leurs emplois, et pour s'opposer plus sûrement aux rebelles, il fait bâtir de toutes parts un grand NOMBRE DE FORTERESSES, dont la principale est LA TOUR DE LONDRES.

On doit fixer à cette époque l'origine de la féodalité en Angleterre; tous les grands fiefs relevant immédiatement de la couronne furent donnés aux seuls Normands; les seigneurs Anglais eurent peu de part aux faveurs, et aux grâces, plusieurs d'entre eux mêmes se virent dépouillés de leurs terres, qui furent distribuées aux Normands et aux Français.

1067

NOUVELLE RÉVOLTE.

Le roi par une sévère politique, cherche en vain à effrayer les Anglais; impatients de plus en plus de secouer le joug, ils ne cessent de se révolter.

1068

COUVRE-FEU.

Pour mettre un terme aux troubles de l'Angleterre Guillaume fait désarmer ses sujets.

Vers la même époque il établit le réglement du couvre-feu, qui obligeait tous les habitants du royaume à éteindre leur feu et leur lumière à huit heures du soir au son d'une cloche.

Cet usage apporté de Normandie, fut aussi adopté en Écosse, Henry Ier. l'abolit en 1135.

1071, etc.

CONQUÊTES DE GUILLAUME.

Ce prince redoutable pour ses sujets, ne le fut

pas moins pour ses voisins. Il battit les Écossais et les Gallois, qui unis aux Anglais, avaient tenté de rétablir Edgard Atheling sur le trône. Heureux enfin dans toutes ses expéditions, Guillaume soumit des provinces, et des nations entières à son empire.

1079

Aussi grand législateur, qu'illustre guerrier, Guillaume donne des loix nouvelles à l'Angleterre; il joint celles de Normandie à celles des anciens saxons, et de cet assemblage, il forme un code auquel on a donné depuis le nom de lois Normandes.

Guillaume institua la cour de l'échiquier, celle de la chancellerie, et créa les shérifs et les juges de paix.

1086

Au comble de la gloire et de la prospérité, le monarque trouve dans sa famille une source d'inquiétude et de chagrin; il avait assuré la succession de la Normandie à Robert son fils aîné; ce prince bouillant, ambitieux, veut jouir d'avance de son héritage, et soutenu en secret par le roi de France, il se révolte: Guillaume prend aussitôt les armes contre un fils rebelle, et vient l'attaquer dans le château de Gerberoy en Beauvoisis.

Impatient de se signaler par quelque exploit de chevalerie, Robert sort de la place, rencontre son père et combat contre lui sans le reconnaî-

tre sous le casque. LES DEUX CHAMPIONS étaient pleins
de valeur et d'audace; le combat fut terrible; enfin
le roi est blessé, il tombe, son fils alors entend sa
voix; saisi d'horreur et de remords, il se préci-
pite à ses genoux en implorant sa grâce.

La colère d'un père est rarement implacable;
Guillaume se laisse toucher par les prières de la
reine et la soumission du jeune prince, il se recon-
cilie avec son fils. Peu de temps après il l'emmena
en Angleterre et lui donna le commandement
d'une armée dirigée contre l'Écosse.

Robert sut effacer le souvenir de sa faute par sa
valeur et son dévouement.

**

Guillaume prend pour ARMES DEUX LÉOPARDS.
Ces armes ont été celles de ses successeurs jusqu'à Henry II, qui y ajouta un troisième léopard,
lorsque la province de Guienne passa sous la domination de l'Angleterre par son mariage avec
Éléonore.

1087

GUERRE CONTRE PHILIPPE Ier. ROI DE FRANCE :
PRISE DE MANTES.

Guillaume, accusait avec raison le roi de
France de fomenter les troubles qui éclataient sans
cesse en Normandie; il fut surtout irrité d'une
plaisanterie que s'était permise le monarque français: le prince, en apprenant qu'une indisposition
retenait dans son lit Guillaume, qui avait un pro-

' digieux embonpoint, avait dit, quand donc ce gros homme accouchera-t-il ? « Répondez lui, » dit Guillaume, que j'irai faire mes relevail-» les à Paris avec dix mille lances en guise de » cierges. »

En effet, il lève une puissante armée, entre dans l'Ile de France portant partout et le ravage et la désolation.

La ville de Mantes , ayant voulu résister aux Anglais, est assiégée, prise, et livrée aux flammes.

1087*

MORT DE GUILLAUME.

Tandis que ce prince assiégeait Mantes, un accident qui lui coûta la vie, vint mettre un terme à ses succès : son cheval s'étant abattu, il fut jeté en avant et se froissa avec tant de violence sur le pomeau de la selle, que l'on fût obligé de le conduire dans un village des environs de Rouen, où il mourut peu de temps après à l'âge de soixante-quatre ans. Il en avait régné cinquante-quatre sur la Normandie, et vingt-un en Angleterre.

Aussi grand politique, qu'illustre conquérant, Guillaume sut établir sa domination sur de solides fondements; mais il se montra souvent vindicatif et cruel; au moment d'expirer il témoigna son regret d'avoir trop sacrifié à son ambition et à ses ressentiments.

Les richesses de ce prince furent si considérables qu'aucun roi d'Angleterre ne l'a égalé en opulence, ce qui prouve qu'il avait réservé à la couronne une grande partie des terres dont les Anglais furent dépouillés.

Les Normands répandirent en Angleterre l'usage de la langue française c'est-à-dire de la langue *romance*.

GUILLAUME II, DIT LE ROUX,

DEUXIÈME ROI NORMAND,

de 1087 à 1100.

1087

Guillaume II, surnommé *le Roux* à cause de
la couleur de ses cheveux, succède à Guillaume
le conquérant son père, d'après l'ordre de succession établi par ce prince. Robert prend également
possession du duché de Normandie, mais conserve
des prétentions au trône d'Angleterre, comme étant
frère aîné de Guillaume. Adoré de ses sujets il
pouvait compter sur eux pour soutenir ses droits
à la couronne.

1088

GUERRE CIVILE CONTRE ROBERT.

Les partisans de Robert forment contre Guillaume une vaste conspiration; Odo, évêque de
Bayeux en était l'âme et le chef, et menaçait le
monarque de le détrôner; Guillaume dans ce pres-
sant danger cherche à gagner l'affection des Anglais par la promesse d'un gouvernement sage et
impartial; et bientôt à la tête d'une nombreuse
armée il dissipe les rebelles. Quelques-uns obtinrent leur grâce, les autres furent dépouillés de
leurs biens.

Le danger passé, Guillaume sans égards à ses promesses, opprima ses sujets d'une manière plus cruelle encore que son père; on murmura, mais la crainte retint tout le monde dans le devoir.

Peu de temps après, il survint entre les frères de nouveaux débats; Henry, mécontent d'avoir été oublié dans le partage des états de son père, se révolta contre ses deux frères. Guillaume et Robert s'étaient réconciliés et s'unirent contre Henry. Ce malheureux prince dépouillé du peu qui lui restait, erra dans diverses contrées accablé d'infortunes.

1090

GUERRE CONTRE LES ÉCOSSAIS.

MALCOLM III, roi d'Écosse, voulant recouvrer des provinces que lui avait enlevées Guillaume, vient fondre sur l'Angleterre et s'empare du Northumberland. Mais dans UNE BATAILLE près d'Alnwich IL EST TUÉ D'UN COUP DE LANCE par Robert de Mowbray, comte de Northumberland, qui délivra ainsi sa patrie. Guillaume fit monter sur le trône d'Écosse un fils naturel de Malcolm au préjudice des enfants légitimes de ce prince.

1090*

NOUVELLE GUERRE CIVILE.

Robert de Mowbray, n'ayant été payé de ses services que par l'ingratitude du monarque, se met à la tête des mécontents du royaume. Guillaume

EST VAINQUEUR DES REBELLES qui sont contraints de se soumettre.

Vers le même temps les Gallois se révoltèrent encore, et Guillaume ne parvint à les maintenir qu'en faisant bâtir sur les frontières de leur pays un grand nombre de forteresses.

1096

PREMIÈRE CROISADE.

LA VILLE DE JÉRUSALEM ASSIÉGÉE ET PRISE; Godefroi de Bouillon, duc de Lorraine, élu ROI DE JÉRUSALEM; tel fut le résultat de la première CROISADE: on nomma ainsi ces expéditions en Palestine, qui forment une époque mémorable dans l'histoire.

Parmi les princes qui prirent la croix, on comptait Robert, duc de Normandie; pour soutenir cette entreprise, il fut obligé d'engager ou plutôt de vendre son duché à son frère Guillaume pour la modique somme de dix mille marcs d'argent.

D'autres princes engagèrent également leurs états au roi d'Angleterre, afin d'en obtenir les sommes nécessaires aux croisades.

Cet accroissement de richesses et de puissance eut peu d'avantages pour Guillaume; il fut continuellement en butte aux entreprises de ses nouveaux sujets, soutenus dans leur révolte par le roi de France.

1100

MORT DE GUILLAUME LE ROUX.

Ce prince était sur le point d'aller prendre possession des riches provinces qui lui avaient été remises en dépôt, lorsqu'un ACCIDENT FUNESTE vint mettre un terme à ses projets ambitieux : chassant un jour dans la forêt de Winchester, une flèche que sir Walter Tyrel avait décochée contre un cerf fut repoussée par un arbre et vint le frapper au cœur : Il expira sur le coup.

Guillaume mourut sans postérité dans la quarante quatrième année de son âge. Les regrets de ses peuples ne le suivirent pas au tombeau : avec quelques talents pour gouverner, il ne sut jamais régner sur lui-même, et se livra tour-à-tour aux plus cruels emportements et aux plus viles passions.

Le palais de Westminster fut construit par Guillaume le Roux.

Ce prince établit *le bénéfice de clergie*, en vertu duquel les condamnés à mort obtenaient leur grâce en prouvant qu'ils savaient lire, chose fort rare à cette époque. On voit par là que même dans ces temps de barbarie on attachait quelque prix à l'instruction.

HENRY Ier.

SURNOMMÉ BEAUCLERC,

TROISIÈME ROI NORMAND.

de 1100 à 1135.

1100

Henry, troisième fils de Guillaume le conquérant, se trouvait dans la forêt au moment où son
frère fut tué, il courut aussitôt s'emparer du
trésor royal, comme le meilleur moyen de s'assurer
la couronne; elle devait appartenir à Robert duc
de Normandie, et par droit d'aînesse, et en vertu
d'un traité conclu entre lui et le dernier roi d'Angleterre. Mais Robert étant alors en Palestine,
où il signalait sa valeur, Henry profita de son
absence et se fit reconnaître et couronner solennellement.

A peine le nouveau roi fut-il sur le trône qu'il
s'appliqua à gagner l'affection de ses sujets par
une conduite toute opposée à celle de son prédécesseur.

1100*

Henry épouse Mathilde, nièce d'Edgard
Atheling: cette princesse était un des derniers re-

jetons de la race Saxonne, toujours chère aux
Anglais, qui regrettaient encore la demination
de leurs anciens monarques. Mathilde, ayant renoncé à ses prétentions au trône, avait pris le voile ;
mais l'obstacle des vœux fut levé, et le mariage célébré avec beaucoup de pompe et de magnificence.

Henri réunit ainsi les intérêts des Saxons et
des Normands, et se concilia l'amour des deux
peuples.

1103

GUERRE CONTRE ROBERT DUC DE NORMANDIE
BATAILLE DE TINCHEBRAY.

Robert, à son retour de la Palestine, avait
revendiqué ses droits à la couronne d'Angleterre ;
les deux frères allaient en venir aux mains, lorsqu'un arrangement termina la querelle: Robert,
moyennant une pension annuelle de trois mille
marcs devait renoncer à ses prétentions, et si l'un
d'eux mourait sans postérité, l'autre devait hériter
de ses états. Robert, incapable de gouverner les
siens par sa faiblesse et son indolence, excita
bientôt le mécontentement de ses sujets. Henry
profitant de la circonstance passa en Normandie
avec une nombreuse armée, et se rendit maître
de ce duché, après avoir gagné sur son frère la FA-
MEUSE BATAILLE DE TINCHEBRAY, OU ROBERT FUT FAIT
PRISONNIER.

Ce malheureux prince, dépouillé de ses états,

fut confiné au château de Cardiff, où il MOURUT après vingt huit ans de CAPTIVITÉ.

*

Henry protégea LES LETTRES et les cultiva lui-même avec succès: son érudition le fit surnommer *beauclerc*: ce nom signifiait un *savant*, parceque'il n'y avait alors que les clercs ou gens d'É-glise qui s'attachassent à l'étude.

1119

GUERRE CONTRE LOUIS LE GROS, ROI DE FRANCE. COMBAT DE BRENNEVILLE.

Louis, qui n'avait pu voir sans jalousie et sans crainte l'agrandissement du roi d'Angleterre, saisit la première occasion de le troubler dans la possession de ses nouveaux états.

Guillaume, fils de Robert, avait réclamé auprès du roi de France, son seigneur suzerain, le duché de Normandie enlevé à son père. Louis somme Henry de comparaître au tribunal des pairs où son droit sera jugé. Pour toute réponse Henry s'avance aussitôt à la tête de son armée et pénètre en Normandie. Le roi de France vole à sa rencontre: les deux princes se joignent à BRENNE-VILLE, combattent avec une égale valeur, mais LA VICTOIRE reste aux ANGLAIS et Louis n'échappe qu'avec peine au danger.

On raconte que dans la mêlée UN SOLDAT SAI-SIT LA BRIDE DE SON CHEVAL en disant: « Le roi est

« pris. »—« Ne sais-tu pas, répondit le prince, qu'on
« ne prend jamais le roi aux échecs. » En disant
ces mots IL RENVERSE LE SOLDAT D'UN COUP D'ÉPÉE.

Bientôt après, Henry fit la paix avec le roi de
France sous la condition de lui renouveler son
hommage pour la Normandie.

De cette époque datent ces guerres funestes,
qui depuis se rallumèrent si souvent entre la
France et l'Angleterre.

1120

NAUFRAGE.

Henry, afin d'assurer à son fils Guillaume la
possession de tous ses états, l'avait conduit en
Normandie pour recevoir les serments des barons
de cette province; au retour, le jeune prince montait un bâtiment particulier entouré des seigneurs
de la cour, compagnons de ses plaisirs; le VAISSEAU
qui le portait HEURTE CONTRE UN ROCHER, et se
brise en éclats; on descend aussitôt le prince dans
une chaloupe: il était sauvé, lorsqu'il entend les
cris de sa sœur Marie restée sur le bâtiment. Oubliant alors son propre danger, il commande aux
matelots qui le conduisaient de voler au secours
de Marie; mais à peine la chaloupe s'est-elle appro-
chée du navire, qu'un grand nombre de personnes que l'on avait abandonnées s'y précipitent en
foule, la CHALOUPE COULE À FOND, LE PRINCE ET TOUS
LES MALHEUREUX PASSAGERS PÉRISSENT DANS LES FLOTS.

A la nouvelle de ce désastre, Henry en éprouva une si vive douleur, que depuis ce fatal instant jusqu'à celui de sa mort on ne le vit jamais sourire.

1135

MORT DE HENRY Ier.

Après avoir apaisé quelques troubles dans son royaume, Henry était retourné en Normandie, et MOURUT dans cette province d'une indigestion de lamproie, poisson qu'il aimait beaucoup. Son testament fait en faveur de sa fille Mathilde la rendait héritière de tous ses états: cette princesse avait épousé en premières noces l'empereur Henri V; devenue veuve, elle épousa Geoffroi Plantagenet duc d'Anjou.

ÉTIENNE DE BLOIS,

QUATRIÈME ROI NORMAND,

de 1135 à 1154.

1135

Étienne, comte de Blois, neveu de Henry 1er et
élevé à sa cour, ambitionnait depuis long-temps
la couronne. Oubliant les bienfaits de ce prince
et les droits de sa fille Mathilde, veuve de l'empereur Henry V, il se rend à Londres, gagne le
peuple et se fait proclamer roi.

1135*

Pour affermir son trône chancelant, Étienne
publie une charte, par laquelle il accorde plusieurs priviléges aux différents ordres de l'état. Il
rend aux Anglais les lois d'Édouard le confesseur.

1141

guerre civile contre l'impératrice mathilde.

Le royaume était troublé par de continuelles révoltes suscitées par l'impératrice Mathilde; cette
princesse impatiente de faire valoir ses droits au
trône d'Angleterre et soutenue par Robert duc de
Glocester, fils naturel de Henry 1er, débarque sur les

côtes d'Angleterre. Étienne court aussitôt aux armes, et après plusieurs petits combats, IL EST VAINCU
à la bataille de Lincoln, PERD SA COURONNE ET SA
LIBERTÉ.

1142

MATHILDE, triomphante, est reconnue REINE
D'ANGLETERRE; ELLE EST COURONNÉE à Winchester
avec la plus grande solennité.

Loin de mériter l'affection de ses nouveaux
sujets, Mathilde régna avec autant de hauteur que
de despotisme, et la nation mécontente regretta
bientôt le roi détrôné.

1145

NOUVELLE GUERRE CIVILE entre l'impératrice
MATHILDE, et MATHILDE, de Boulogne FEMME D'É-
TIENNE.

Cette dernière ayant vainement imploré la clémence de l'impératrice, n'avait pu obtenir la
liberté de son époux; elle résolut de se venger, et
réunit en peu de temps une armée considérable,
composée des sujets restés fidèles à leur prince.
LE PARTI ROYAL attaqué à Winchester EST VAIN-
QUEUR et le duc de Glocester, frère de l'impératrice, fait prisonnier. Ce prince fut échangé contre
le roi captif, mais la guerre n'en continua pas
moins avec fureur; les succès furent balancés de
part et d'autre, jusqu'à ce qu'enfin Mathilde ayant
été déposée, LA COURONNE FUT RENDUE A ÉTIENNE.

L'impératrice se retira alors en Normandie avec Henry son fils, jeune prince, qui donnait les plus belles espérances.

1153

TRAITÉ ENTRE ÉTIENNE ET HENRY, FILS DE MATHILDE.

Ce prince, âgé de seize ans, unissait la prudence au courage : favorisé par les vœux secrets du peuple, il passe en Angleterre pour faire valoir ses droits au trône. Étienne marche contre lui et le sort des armes allait décider la querelle, lorsqu'elle fut terminée par un TRAITÉ entre les deux princes : il fut convenu qu'Étienne conserverait la couronne jusqu'à sa mort, que Guillaume son fils hériterait de Boulogne et de ses biens patrimoniaux, mais que Henry serait son successeur au trône d'Angleterre.

1154

ÉTIENNE MEURT peu de temps après la conclusion du traité fait avec Henry ; ce prince distingué par sa valeur ne le fut pas moins par sa générosité et sa clémence ; dans la position critique où l'avaient placé les évènements, il ne se permit jamais un acte de cruauté ou de vengeance.

ROIS PLANTAGENET,

DEPUIS L'AN 1154 JUSQU'EN 1485.

Voyez le tableau N°. 3.

HENRY II,

PREMIER ROI PLANTAGENET.

de 1154 à 1189.

1154

Henry II fils de l'impératrice Mathilde et de Geoffroi Plantagenet comte d'Anjou, devait succéder à Étienne d'après le traité conclu l'année précédente; le jeune prince était en Normandie au moment de la mort d'Étienne: il ne fut pas plus tôt instruit de cet évènement, qu'il accourut en Angleterre, où le peuple le reçut avec acclamation; il sut par sa fermeté et sa prudence établir son pouvoir, et triompher de tous les obstacles qui lui furent opposés. En lui, commença la race des rois Angevins ou PLANTAGENET, qui donna tant de grands hommes à l'Angleterre (a).

(a) Voyez le table u N°. 3. Plusieurs médaillons sont entourés de la *guirlande de lauriers* qui distingue les princes célèbres.

*

Éléonore, femme de Louis le jeune roi de France, ayant divorcé avec ce prince, avait épousé Henry II et lui avait apporté en dot LE POITOU ET LA GUIENNE. Les armes de cette dernière province étaient un LÉOPARD. Henry, qui déjà en avait deux dans les siennes, en joignit alors un troisième.

1154*

Henry II était devenu le plus puissant monarque de l'Europe. De tous les rois d'Angleterre, c'est celui qui a le plus étendu sa domination. Outre la grande Bretagne, il possédait en France la NORMANDIE, l'ANJOU, la TOURAINE, le MAINE, le LIMOUSIN, le POITOU, la SAINTONGE, la GUIENNE et la GASCOGNE; il y joignit la BRETAGNE par le mariage d'un de ses fils avec l'héritière de cette province (a). Henry fit régner avec lui la JUSTICE ET LA PAIX, et des lois dictées par la sagesse rendirent heureux ses peuples.

Plusieurs villes gémissaient des vexations de leurs seigneurs; il leur accorda des chartes qui devinrent la base de la liberté Anglaise en affaiblissant le gouvernement féodal.

(a) Voyez le médaillon d'Henry II.—*Le sceptre* placé au mi ieu du trophé indique que ces différentes provinces étaient réunies sous une même dominat'on.

1171

THOMAS BECKET, ARCHEVÊQUE de CANTORBERY était parvenu de l'état le plus obscur à la seconde dignité du royaume; inflexible sur tout ce qui touchait aux immunités de l'Église, il révolta le monarque par sa témérité.

Le PRÉLAT MEURT ASSASSINÉ au pied des autels; le roi est accusé d'avoir provoqué ce meurtre au moins par ses conseils, il le désavoue publiquement; mais le pape néanmoins le menace de ses foudres.

1171*

PRISE DE DUBLIN: CONQUÊTE DE L'IRLANDE.

Henry, pour détourner l'orage qui le menace, part pour une expédition en Irlande; la guerre civile entre deux prétendants au trône en est le prétexte. DUBLIN est PRIS, L'IRLANDE entière est SOUMISE et devient une dépendance de la couronne d'Angleterre.

1174

Henry, à son retour d'Irlande, trouve le royaume agité par de nouveaux troubles, et croit les apaiser en expiant par la pénitence le meurtre de l'archevêque: il va nu-pieds et avec tous les signes du repentir se PROSTERNER DEVANT SON TOMBEAU. Le lendemain il est absous.

1175

GUERRE CIVILE ENTRE LE ROI ET SES FILS.

Une galanterie sans borne ternissait les grandes qualités de Henry: si des motifs d'ambition lui avaient fait épouser la reine Éléonore, il ne se livrait pas moins à de nouvelles passions et s'attacha bientôt à Rosamonde Clifford, la plus belle femme, dit-on, de l'Angleterre. La reine, irritée en apprenant cette intrigue, jura de se venger. Rosamonde mourut empoisonnée et Éléonore fut soupçonnée de ce crime. La perte d'une rivale ne suffit pas encore à sa vengeance; elle excita ses fils à la révolte, et la GUERRE éclata bientôt entre le monarque et ses enfants; elle dura peu, mais devait se renouveler souvent encore.

Éléonore, qui avait excité ces troubles, fut enfermée dans une étroite prison: le jeune Henry fils aîné du roi mourut peu de temps après, et son frère Geoffroi ne tarda pas à le suivre au tombeau.

1188

GUERRE CONTRE LE ROI DE FRANCE, ET RICHARD, FILS DE HENRY.

Philippe Auguste avait succédé à Louis le jeune sur le trône de France. Ce prince impatient de reconquérir ses provinces, sème de nouveau la discorde entre le roi d'Angleterre et ses fils. Le retard qu'Henry mettait au mariage de Richard avec Alix, fille de Philippe devient un prétexte de mécontentement; et bientôt la guerre est déclarée. Henry, VAINCU sur tous les points, PERD LE POITOU, LA GUIENNE et une partie de ses conquêtes; forcé enfin de consentir à d'humiliantes concessions, il traite avec le roi de France et pardonne à son fils Richard.

1189

NOUVELLE GUERRE CIVILE.

Tandis qu'Henry faisait la guerre en France, de nouveaux troubles avaient éclaté en Angleterre: le roi venait d'accorder une ammistie aux coupables, lorsqu'il trouva en tête de la liste le nom de JEAN son fils bien-aimé. De tous les chagrins qui avaient accablé ce malheureux père, aucun ne lui fut plus sensible.

1189*

MORT DU ROI.

Henry ne put résister au dernier coup qui l'avait frappé. Plus il avait aimé son fils, plus son cœur fut blessé de cette odieuse perfidie: une fièvre lente causée par le chagrin termina bientôt sa vie et ses malheurs. Il mourut au château de Chinon en Touraine, après avoir régné trente cinq ans. Ce prince unissait à l'habileté d'un grand politique la sagesse d'un législateur, et toute la magnanimité d'un héros: il fut pleuré de ses sujets, dont le bonheur avait été constamment l'objet de sa pensée et le but unique de ses actions.

RICHARD Ier,

SURNOMMÉ COEUR-DE-LION. (a)

DEUXIÈME ROI PLANTAGENET.

de 1189 à 1199.

1189

RICHARD Ier, que son courage fit surnommer *cœur-de-lion*, était fils de Henry II, et lui succéda. Après s'être fait reconnaître duc de Normandie et avoir prêté hommage à Philippe Auguste, roi de France, il se rendit à Londres et fut couronné à Westminster.

A peine Richard fut-il sur le trône, que, repentant de sa conduite envers son père, il éloigna de lui tous les factieux qui avaient secondé ses révoltes, tandis qu'il combla de faveurs les fidèles sujets que ses sollicitations n'avaient pu entraîner.

1190.

CROISADE AVEC LE ROI DE FRANCE.

RICHARD, ne respirant que la guerre, brûlait

(a) Voyez le médaillon de Richard.—*Les deux drapeaux* indiquent la réunion des monarques de France et d'Angleterre.

Dans les croissades on distinguoit les Anglais par une *croix blanche* et les Français par une *croix rouge*.

du désir d'aller en Palestine. Sans calculer le danger de ces expéditions lointaines, il s'unit au roi de France pour une nouvelle CROISADE, laissant le gouvernement à la reine Éléonore, sa mère, qu'il avait rendue à la liberté.

Les deux monarques partent ensemble, se promettant un mutuel secours; mais étant retenus en Sicile par des vents contraires, ils y passent l'hiver entier, tantôt d'accord, tantôt en mésintelligence; arrivés enfin en Palestine, Philippe et Richard rivalisent de zèle et de courage, et se couvrent de gloire l'un et l'autre au SIÉGE DE SAINT-JEAN-d'ACRE; mais à peine cette ville importante est-elle en leur pouvoir que Philippe, malade, revient en France.

Richard, resté seul à la tête de cette grande entreprise, remporte alors VICTOIRES SUR VICTOIRES, et se rend maître de la ville d'Ascalon; il était aux portes de Jérusalem, lorsque l'épuisement auquel la fatigue et la faim avaient réduit son armée, le força de traiter avec Saladin sultan d'Égypte, le héros des Sarrasins.

Il fut convenu par ce traité, que les ports de la Palestine resteraient aux croisés, et qu'il serait permis à tous les chrétiens de faire en sûreté le pélerinage de Jérusalem.

1192

CAPTIVITÉ DE RICHARD.

Ayant terminé cette expédition avec plus de

gloire que d'avantages, Richard quitte la Palestine pour retourner en Angleterre, mais en traversant l'Allemagne en habit de pélerin, il est arrêté par le duc d'Autriche et livré à l'empereur qui le retient PRISONNIER.

Les Anglais ignorèrent long-temps le sort de leur monarque chéri, et l'on ne dut qu'au hasard la découverte de sa prison: On raconte qu'un pauvre MÉNÉTRIER ANGLAIS JOUANT SUR SA HARPE près D'UNE FORTERESSE un air que Richard aimait passionnément, ce malheureux prince le répéta en s'accompagnant d'un semblable instrument, et fit connaître ainsi le lieu de sa captivité.

Le barbare empereur ne pouvant plus retenir son prisonnier convint, pour sa rançon d'une somme de trois mille marcs d'argent.

1192*

Une grande disette en Angleterre fut suivie de LA PESTE, ce fléau destructeur qui, déjà sous les règnes précédents, avait étendu ses ravages, s'y renouvela plus d'une fois encore à différentes époques.

1194

Richard rendu à la liberté fait UNE ENTRÉE TRIOMPHANTE dans LA VILLE DE LONDRES (a) et peu

---

(a) Voyez le médaillon de Richard. — Le char indique l'entrée triomphante du Roi dans sa capitale.

5*

de temps après il est couronné de nouveau à Winchester.

1195

GUERRE CONTRE LA FRANCE.

Profitant de l'absence du roi d'Angleterre, Philippe Auguste s'était emparé indignement de la Normandie, et Jean frère de Richard avait secondé cette entreprise. Impatient de venger cette injure, Richard à son retour déclare la guerre au roi de France et à son frère; cette guerre où les succès FURENT BALANCÉS de part et d'autre, se termina sans aucun évènement mémorable.

Jean, après avoir trahï son frère, après avoir tenté vainement de s'emparer de la couronne, abandonna le parti du roi de France et vint implorer sa grâce. Richard d'abord inflexible la lui accorda enfin. « Je lui pardonne, dit-il, « et j'espère oublier son offense aussi aisément « qu'il oubliera mon pardon. »

1196

UN TRAITÉ DE PAIX ou plutôt une trève, vint suspendre la guerre entre la France et l'Angleterre. Ce traité fut signé à Louviers où les deux monarques se trouvaient réunis.

1196*

LA GUERRE avec la France se rallume de nouveau, et se continue sans combats décisifs les deux puissances ont TOUR A TOUR DES SUCCÈS ET DES REVERS.

1199

SIÉGE DU CHATEAU DE CHALUS,
MORT DU ROI.

Un évènement aussi singulier que malheureux, causa la mort de Richard : *Vidomar* vicomte de Limoges, vassal du roi d'Angleterre s'était emparé d'un trésor trouvé dans ses domaines. Il offre au roi son suzerain de lui en remettre une partie; Richard exige le tout, Vidomar refuse, LE CHATEAU DE CHALUS, qui renferme le trésor, est aussitôt ASSIÉGÉ, mais RICHARD EN EXAMINAMT la PLACE pour livrer l'assaut, est percé d'un coup de flèches, par un arbalétrier ennemi. Blessé mortellement il voulait cependant faire grâce au coupable, qui n'en fut pas moins condamné au supplice par l'ordre de Marcade qui commandait l'armée. Richard expira bientôt après. Ce prince doué d'un courage extraordinaire avait toutes les qualités d'un héros. Mais son amour pour la gloire lui fit négliger souvent le bonheur de ses peuples.

JEAN-SANS-TERRE,

TROISIÈME ROI PLANTAGENET.

de 1199 à 1216.

1199

Jean-sans-terre, ainsi nommé, parceque son père l'avait autrefois privé de ses apanages, succède à Richard, son frère, malgré les prétentions de son neveu Arthur.

1202

GUERRE CONTRE ARTHUR.

Arthur, duc de Bretagne, était fils de Geoffroi, frère aîné de Jean, et prétendait hériter des droits de son père, à la couronne. Parvenu à l'âge de l'adolescence, il avait sollicité l'appui de la cour de France et Philippe Auguste s'était joint à lui pour detrôner le monarque anglais; mais *Jean vainqueur dans un combat* fit Arthur *prisonnier* et conclut ensuite la paix avec la France.

1202*

Le malheureux *Arthur est assassiné* dans sa prison, le roi est accusé de ce crime.

1203

GUERRE FUNESTE CONTRE LA FRANCE.

Constance mère d'Arthur, justement indignée du meurtre de son fils, porte plainte à Philippe Auguste. Jean est sommé de comparaître devant le monarque français, son seigneur suzerain; n'ayant point comparu, il est jugé par défaut et déclaré coupable de parricide et de félonie; en conséquence tous les fiefs qu'il possède en France sont confisqués.

Pour exécuter cette sentence, Philippe marche à la tête d'une puissante armée, et JEAN, VAINCU sur tous les points, PERD SUCCESSIVEMENT TOUTES SES PROVINCES. La Guienne seule restait sous sa domination, lorsqu'une trève fut conclue pour deux années.

1208

JEAN EST EXCOMMUNIÉ.

Des querelles sans cesse renaissantes avec le clergé, attirent sur le roi Jean les foudres du pape Innocent III. Ce pontif jette un interdit sur le royaume, et ne consent à le lever qu'à condition que Jean se déclarera son vassal, et reconnaîtra tenir de lui la couronne d'Angleterre, moyennant un tribut annuel payé à la cour de Rome. Ces conditions honteuses furent acceptées.

1212

GUERRE CIVILE.

Le peuple et les grands, lassés des vexations du roi se révoltent contre lui, chaque jour voit éclater de nouveaux troubles, de nouvelles rebellions contre un prince objet du mépris et de l'exécration génerale et qui comptait autant d'ennemis qu'il avait de sujets.

1214

La guerre avec la France, s'était rallumée avec plus de fureur que jamais. Jean, uni à l'empereur Othon IV, obtint d'abord quelques succès; mais il vit bientôt s'évanouir toutes ses espérances, et PERDIT LA CÉLÈBRE BATAILLE DE BOUVINES contre Philippe Auguste en personne; une trève de cinq ans suspendit enfin les hostillités.

1215

GUERRE CIVILE CONTRE LES BARONS.

Jean de retour en Angleterre, eut à combattre de nouveaux ennemis. *Les barons* avaient formé depuis long-temps une conféderation contre lui, ils réclament les armes à la main le rétablissement de leurs libertés.

1215*

Jean contraint de céder à la force, signe la charte que l'on exige de lui; cet acte, le boulvart de la liberté anglaise, est connue sous le nom de GRANDE CHARTE et conserve toujours force de loi, il rendit d'importants priviléges au clergé, à la noblesse et au peuple.

Secrètement indigné d'avoir été forcé à ces concessions, Jean attendait avec impatience l'occasion d'enfreindre un traité que la crainte seule lui avait fait souscrire.

1215 **

Le roi ne voulant exécuter aucun des articles de la charte, les barons se révoltent de nouveau, ils réclament les secours de Philippe Auguste et lui proposent de placer son fils *Louis* sur le trône d'Angleterre; en conséquence Jean est déclaré DÉCHU DE LA COURONNE.

Le prince français débarque en Angleterre, il est couronné à Londres malgré l'opposition du roi Jean et du pape Innocent IV. Ce dernier revendique vainement ses droits sur l'Angleterre.

La plus grande partie du royaume est bientôt soumise au nouveau roi, à l'exception de Douvres qui oppose une forte résitance.

1216

MORT DU ROI JEAN.

Voulant faire un dernier effort pour remonter sur le trône, Jean était parvenu à rassembler une armée considérable, il allait tenter un combat décisif, lorsqu'un accident causa sa mort:

Côtoyant un rivage que le flux de la mer devait

couvrir, il est atteint par les flots et presque sub-
mergé. Ses équipages et ses trésors sont engloutis.
Le chagrin de cette perte irréparable, la honte
du passé, la crainte de l'avenir, tout l'accable à la
fois; la fièvre se déclare et en peu de jours il expire
abhoré de ses sujets et méprisé de tous les princes de l'Europe.

HENRY III,

QUATRIÈME ROI PLANTAGENET,

de 1216 à 1272.

1216

HENRY III, fils du roi Jean, succède à son père, n'étant âgé que de neuf ans.

Louis de France, occupait néanmoins le trône d'Angleterre, mais Guillaume, comte de Pembroke, ayant fait valoir les droits du jeune prince, il fut couronné solennellement et reconnu par une partie de la nation malgré les partisans du prince français.

1216*

LE COMTE DE PEMBROKE EST DÉCLARÉ RÉGENT DE L'ANGLETERRE. Cet homme aussi recommandable par son mérite personnel que par sa bravoure, gouverne le royaume sous le titre de *grand maréchal.*

1216**

GUERRE CIVILE CONTRE LOUIS DE FRANCE.

Le prince veut envain soutenir ses droits à la couronne. Philippe Auguste lui envoie des secours considérables, mais pourtant insuffisants. Les deux parties combattent sous les murs de Lincoln.

1217

HENRI III EST VAINQUEUR DES FRANÇAIS.

Louis contraint de céder, traite avec le roi d'Angleterre; par le traité il renonce à la couronne d'Angleterre, elle est rendue à Henry III.

Le prince français quitte aussitôt le royaume, et Henry fait son entrée solennelle dans sa capitale.

1218

GUERRE CIVILE contre les barons qui s'étaient révoltés de nouveau; le régent eut l'avantage et apaisa les troubles. Mais sa mort arrivée peu de temps après, laissa l'état en proie à des factions sans cesse renaissantes.

1224

GUERRE CONTRE LA FRANCE.

Le prince Louis qui avait régné sur l'Angleterre, était devenu roi de France, sous le nom de Louis VIII. Il avait confisqué les terres que les Anglais possédaient dans son royaume, sous prétexte qu'Henry III, en qualité de duc de Guienne, n'avait point assisté à son sacre. La guerre fut bientôt déclarée entre les deux puissances; Henry VAINCU, PERDIT UNE GRANDE PARTIE DE SES PROVINCES.

*

INSTITUTION DU PARLEMENT,
ÉTABLISEMENT DES COMMUNES.

Quelques auteurs attribuent à Henry III l'é-

tablissement du parlement en Angleterre, c'est-
à-dire, que sous ce règne l'assemblée des barons
commença à prendre ce nom.

Vers la même époque, on introduisit dans cette
assemblée deux chevaliers de chaque comté, et
quelques députés des villes et des bourgs. Ce fut
l'origine de *la chambre des communes.*

1242

NOUVELLE GUERRE CONTRE LA FRANCE.

Henry est vaincu par Louis. IX (St Louis), roi
de France, a la célèbre bataille de Taillebourg,
et au combat de Saintes. Une trève de cinq ans
suspendit les hostilités.

1264

GUERRE CIVILE DE LA LIGUE.

Le roi ayant excité un mécontentement général parmi ses sujets, une confédération redoutable
se forme contre lui. Édouard son fils aîné, prince
d'un rare mérite, est appelé au secours de l'état;
mais il combat en vain l'armée de la ligue, il est
vaincu a la bataille de Lewes par Simon de
Monfort, comte de Leicester, chef des rebelles, et
le faible monarque est détrôné.

1264*

Henry III est prisonnier de Leicester, mais le
prince Édouard vient remplacer son père et servir
d'otage pour l'observation du traité fait avec les
rebelles.

1266

BATAILLE D'EXESHAM.

Leicester ayant rendu la liberté à Édouard l'avait entouré d'émissaires prompts à déjouer ses projets. Édouard trompe leur vigilance; à la tête d'un parti nombreux, IL GAGNE LA BATAILLE D'EXESHAM ET RÉTABLIT LE ROI SUR LE TRÔNE.

Leicester et ses deux fils restèrent sur le champ de bataille, cette victoire éclatante rétablit la paix dans le royaume.

1270

DERNIÈRE CROISADE.

Édouard ayant rendu la tranquillité à l'Angleterre, parti pour la terre sainte, et arriva sous les murs de Tunis au moment où Louis IX roi de France et une partie de son armée venaient d'être enlevés PAR LA PESTE. Malgré le péril qui le menaçait lui-même, il ne renonça pas à son entreprise, et bientôt il se couvrit de gloire et répandit la terreur parmi les infidèles. Mais FRAPPÉ d'un coup de POIGNARD empoisonné, il ne dût la conservation de ses jours qu'à la tendresse de la reine Éléonore qui suça la blessure de son époux au risque de sa propre vie.

1272

MORT DU ROI.

Tandis qu'Édouard, loin de sa patrie, s'exposait à de nouveaux dangers, Henry, dont la santé s'affaiblisait de jour en jour, avait encore à lutter contre les factieux qui agitaient son royaume; il écrivit à son fils de hâter son retour, mais le prince n'était point encore arrivé, lorsqu'Henry, accablé par le chagrin et par les infirmités de la vieillesse, expira à Westminster, dans la soixante-cinquième année de son âge et la cinquante-sixième de son règne, le plus long dont il soit parlé dans les annales de l'Angleterre jusqu'à Georges III.

Henry III se distingua sans doute par une haute piété, mais il n'en fut pas moins faible, léger et imprudent; il fit la guerre sans succès comme sans courage, et ne put jamais apaiser les troubles qui agitèrent son royaume, et dont il serait devenu victime, s'il n'avait eu pour fils un héros.

———

ÉDOUARD Ier, [a]

SURNOMMÉ LONGUES-JAMBES,

CINQUIÈME ROI PLANTAGENET.

de 1272 à 1307.

1272

ÉDOUARD revenait de la Palestine, lorsqu'il apprit la mort d'Henry III son père. Il s'était si bien concilié l'estime des Anglais, qu'il fut proclamé roi, quoique absent. Ses sujets n'attendirent pas son retour pour lui prêter serment de fidélité.

1273

En arrivant en Angleterre ÉDOUARD FUT COURONNÉ SOLENNELLEMENT à WESTMINSTER par l'archevêque de Cantorbéry. Tout se ressentit bientôt de la sagesse de son gouvernement, et il sut justifier l'amour de son peuple dont il était l'idole.

1282

CONQUÊTE DU PAYS DE GALLES.

Les Gallois descendaient des anciens Bretons

(a) C'est à dater de l'établissement des rois normands, en Angleterre, qu'Édouard est regardé comme le *premier du nom.*

jaloux de conserver leur liberté et leur patrie, ils n'avaient jamais passé sous un joug étranger, et s'étaient rendus redoutables à leurs voisins.

Édouard veut tenter de les soumettre à sa domination; il somme Lewelyn. un de leurs chefs, de lui rendre hommage pour ses états. Lewelyn demande pour otage le fils du roi; on refuse, la guerre est déclarée, l'armée galloise est taillée en pièces et Lewelyn tué. David son frère succomba dans la même cause. En lui finit le gouvernement et l'indépendance des Gallois. Édouard vainqueur de ces peuples réunit le pays de Galles à l'Angleterre et en fit une principauté, dont l'héritier de la couronne a depuis porté le nom.

1285

Édouard, après avoir étendu son royaume par ses conquêtes, s'applique à faire fleurir la paix au sein de ses états.

1292

CONQUÊTE DE L'ÉCOSSE.

Douze concurrents se disputaient le trône d'Écosse: Édouard parut d'abord soutenir les droits de Baliol, un des compétiteurs à la couronne; mais, abandonnant bientôt ce parti, Edouard agit pour lui-même, et, vainqueur de Baliol et des Écossais, il s'empare de ce royaume.

Cette expédition acquit au monarque moins d'avantages que de gloire; les dépenses de la guerre épuisèrent ses trésors, mécontentèrent la nation et pouvaient enfin l'exposer à perdre la couronne.

1297

GUERRE CONTRE LA FRANCE, BATAILLE DE FURNES.

Édouard, ayant eu quelques contestations avec Philippe le Bel, roi de France, s'unit aux Flamands pour lui faire la guerre; mais l'armée des confédérés fut VAINCUE à la BATAILLE DE FURNES, où seize mille Flamands perdirent la vie.

Une trève de deux ans fut conclue entre les rois de France et d'Angleterre par la médiation du pape Bonniface VIII. Les principales conditions de ce traité furent le mariage d'Édouard et celui du prince de Galles, son fils, avec la sœur et la fille de Philippe le Bel.

1304

GUERRE EN ÉCOSSE.

Une révolution venait d'éclater dans ce royaume; Guillaume Wallace avait résolu de délivrer son pays de la domination Anglaise : animé du désir de l'indépendance et possédant toutes les qualités du patriotisme le plus désintéressé, il attira bientôt dans son parti tous les ennemis du nom Anglais et s'acquit promptement leur estime et leur affection.

Édouard était alors en Flandre, il se hâte de repasser la mer pour défendre et conserver sa conquête. A la tête d'une armée de cent mille hommes, il vole en Écosse et jure la perte des rebelles : il les rencontre en effet près de Falkirk et remporte SUR EUX UNE VICTOIRE COMPLÈTE.

Après d'inutiles efforts, les Écossais contraints de céder se soumirent enfin. Wallace seul ne déposa point les armes. Errant de montagne en montagne, il résistait encore et conservait son indépendance.

1305

Trahi par un perfide ami, WALLACE est arrêté et livré au roi d'Angleterre. Il est envoyé à Londres CHARGÉ DE CHAÎNES et bientôt exécuté comme un traître et un rebelle.

1306

NOUVELLE GUERRE EN ÉCOSSE.

ROBERT BRUCE, l'un des prétendants à la couronne d'Écosse, entreprit de nouveau de délivrer sa patrie ; il réunit des forces assez nombreuses pour en chasser les Anglais et se faire couronner roi lui-même.

Édouard furieux, jure de châtier une nation si souvent rebelle ; il entre en Écosse avec une puissante armée et, VAINQUEUR DE BRUCE, il réduit son parti à l'obéissance.

1307

Édouard se préparait à terminer d'une manière décisive la guerre d'Écosse, lorsqu'il tomba subitement malade à Carlisle. SA MORT mit fin aux ter-

6*

reurs des Écossais et affranchit leur pays d'un asservissement total.

Ce prince joignait à un extérieur avantageux un esprit pénétrant et un grand courage, il fit plus pour' les véritables intérêts du royaume qu'aucun de ses prédécesseurs, et tous les historiens le citent comme le modèle d'un roi politique et guerrier.

ÉDOUARD II,

SURNOMMÉ CARNAVON.

SIXIÈME ROI PLANTAGENET.

de 1307 à 1327.

1307

Édouard II, fils d'Édouard Ier, avait été surnommé *Carnavon*, parce qu'il naquit dans une
ville de ce nom, située dans la principauté de Galles ; ce prince, dont tout le mérite consistait dans
un extérieur agréable, semblait peu digne de remplacer un aussi grand roi que son père.

1307*

Édouard devint l'époux d'Isabelle de France,
fille de Philippe le Bel. Cette princesse, à peine
sortie de l'enfance, était déjà célèbre par son esprit et sa beauté.

1308

GAVESTONE, FAVORI DU ROI.

Édouard, comme tous les princes faibles, se lais-
sait gouverner par des favoris : il donna d'abord
toute sa confiance à Gavestone, fils d'un gentilhomme Gascon et le combla de faveurs. Doué de

toutes les qualités qui savent plaire, Gavestone n'avait point celles qui font estimer; il s'attira par sa hauteur le mépris et la haine de la noblesse Anglaise qui bientôt se ligua contre lui.

1312

SIÉGE DU CHATEAU DE SCARBOROUGH.

La reine elle-même, jalouse du pouvoir de Gavestone, se joint au comte de Lancastre et aux mécontents du royaume pour combattre l'orgueilleux favori. Le chateau de Scarborough qui lui servait d'asile est assiégé et pressé si vivement que Gavestone enfin est forcé de capituler. Mais peu de temps après, sans égard à la capitulation, il fut exécuté sans aucune forme de procès.

La mort de Gavestone mit un terme à la guerre civile; ses partisans implorèrent leur pardon et le roi accorda une anmistie générale aux rebelles.

1313

Ce favori fut bientôt remplacé par un autre. Hugues Spencer devint pour Édouard ce qu'avait été Gavestone, et excita de même le mécontentement général, par son insolence et son insatiable ambition.

1314

GUERRE CONTRE LES ÉCOSSAIS, DÉFAITE D'ÉDOUARD.

Tandis que le roi d'Angleterre se livrait aux plaisirs, Bruce, à la tête des Écossais, étendait chaque jour ses conquêtes. Édouard cependant sent tout à coup se réveiller son courage; il marche à l'ennemi avec une armée de cent mille hommes, mais arrivé près de Bannokbaru, il est complètement DÉFAIT et le comte de Glocester son frère perd la vie dans cette bataille.

Bruce, enhardi par ce succès, fond sur l'Angleterre, ravage les provinces septentrionales, et passe en Irlande où il est reçu comme un libérateur.

1321

GUERRE CIVILE, EXÉCUTION DU DUC DE LANCASTRE.

Le trône ébranlé, était menacé de sa chute; on demande le renvoi du favori et l'expulsion de sa famille. Édouard s'y refuse : les ennemis du monarque n'attendoient qu'un prétexte, ils volent aux armes; le comte de Lancastre est à leur tête; mais attaqué, poursuivi par les troupes d'Édouard, il est vaincu, fait prisonnier et porte sa tête sur l'échafaud. Le favori devient plus puissant que jamais.

1324

GUERRE CONTRE LA FRANCE.

Le roi de France Charles IV dit le Bel, profitant de la faiblesse d'Édouard, veut s'emparer de ses possessions du continent. La guerre se rallume aussitôt entre les deux puissances; Édouard EST VAINCU et une partie de la Guienne est enlevée aux Anglais.

La reine Isabelle, sœur de Charles IV, accusée d'une liaison criminelle avec l'Anglais Mortimer, était venue en France sous prétexte de réconcilier son frère avec Édouard son époux, mais le but réel de son voyage était de solliciter l'appui du monarque français contre le favori *Spencer* son mortel ennemi.

1325

ÉDOUARD DÉTRONÉ ET CAPTIF.

Isabelle, accompagnée de son fils Édouard et secondée de tous les mécontents du royaume, débarque sur les côtes d'Angleterre, avec une armée nombreuse. La ville de Londres se déclare ouvertement pour la reine et pour le jeune prince. L'esprit de révolte se répand de toutes parts; et le roi, trahi par une épouse infidèle, abandonné par ses sujets, voit son favori condamné au plus cruel supplice et lui-même enfin tombe au pouvoir des rebelles: le parlement l'ayant déclaré incapable de régner, IL EST DÉCHU DE LA COURONNE; son fils Édouard est proclamé roi et la régence confiée à la reine pendant sa minorité.

L'infortuné monarque, traîné DE PRISON EN PRISON, servit de jouet à d'inhumains geoliers, qui l'accablèrent d'outrages et d'humiliations. Édouard, son fils, fut couronné par l'archevêque de Cantorbéry: ce jeune prince, d'un esprit supérieur et plus susceptible de remords que sa mère, sembla recevoir le diadème à regret.

1327'

ÉDOUARD II MEURT ASSASSINÉ.

Tremblant de voir échapper sa victime, Mortimer envoie l'ordre de hâter secrètement la fin du prince détrôné. Édouard périt par le plus cruel supplice : des scélérats trouvèrent le moyen de lui introduire dans le fondement un fer chaud qui lui brûla les entrailles, sans qu'il parut à l'extérieur aucune trace de violence; ils espéraient par cet artifice pouvoir cacher leur crime; mais il fut révélé par un des assassins même.

Une si grande infortune rend au moins digne de pitié celui qu'elle frappe, et le malheureux Édouard expia par une mort trop cruelle les erreurs de sa vie.

ÉDOUARD III,

SEPTIÈME ROI PLANTAGENET.

de 1327 à 1377.

1327

ÉDOUARD occupait le trône d'Angleterre avant la mort de son père, le parlement qui l'y avait placé fit choix de douze personnes, pour former un conseil privée auquel fut confiée la régence. Mortimer, par politique, crut devoir s'en exclure; mais la puissance souveraine n'en résida pas moins entre ses mains et celles de la reine, qui ne cherchait plus à déguiser sa criminelle passion.

1329

CAPTIVITÉ D'ISABELLE.

Édouard, impatient de secouer un joug aussi odieux à la nation qu'à lui-même, surprend Mortimer au château de Nothingham qu'il habitait avec la reine; il est arrêté, jugé par le parlement et condamné à mort.

ISABELLE, dépouillée de son autorité, fut confinée pour toujours AU CHATEAU DE RISNIGS, où elle mourut, après vingt cinq ans de captivité, n'ayant pas cessé d'être l'objet de la haine et du mépris généra'

1340

Édouard prétendait avoir des droits au trône de France par sa mère Isabelle, sœur de Philippe le Bel: on lui oppose en vain la loi salique, qui en France exclut les femmes de la succession à la couronne, il s'obstine dans ses prétentions, il prend le titre de roi de France, et ses armes sont écartelées de fleurs de lys avec cette devise *Dieu et mon droit*.

1340*

GUERRE CONTRE LA FRANCE, COMBAT NAVAL DE L'ÉCLUSE.

La guerre éclate entre l'Angleterre et la France; les prétentions d'Édouard en étaient le motif réel; mais il prit pour prétexte l'asile que le roi de France, Philippe VI, avait accordé à *David Bruce* roi d'Écosse, détrôné par ses armes.

Philippe équipe une flotte immense montée par quarante mille hommes. Édouard l'attaque et remporte une victoire complète au combat naval de l'Écluse, où les Anglais signalèrent leur supériorité dans la marine.

Bientôt après, une trève d'un an suspendit les hostilités entre les deux nations.

1341

Édouard profite de cette suspension d'armes pour s'opposer de nouveau aux Écossais; il remporte sur eux la victoire.

*

INSTITUTION DE L'ORDRE DE LA JARRETIÈRE.

La comtesse de Salisbury, aussi vertueuse que belle, avait inspiré une grande passion au roi d'Angleterre: on raconte qu'un jour dans un bal elle laissa tomber sa jarretière, et qu'Édouard l'ayant relevée, la lui présenta en disant *honni soit qui mal y pense.* Telle fut, dit-on, l'origine de l'ordre et de la devise.

Cet ordre eut d'abord quatre vingt quatre chevaliers: le roi s'en déclara le chef.

**

Le prince de Galles, surnommé PRINCE NOIR (de la couleur de son armure), illustra ce règne par ses exploits; ce jeune héros plein de vertu et de générosité devint l'idole des Anglais et força ses ennemis mêmes à l'admirer.

1346

Invention des armes à feu atribuée aux Anglais; quelques années avant, la poudre à canon avait été inventée par un moine de Cologne nommé *Swarth.*

1346*

NOUVELLE GUERRE AVEC LA FRANCE.

La guerre contre la France interrompue et recommencée sans cesse, se ralluma de nouveau et les deux rois, Philippe et Édouard, se trouvèrent

en présence à LA CÉLÈBRE BATAILLE DE CRÉCY: c'est
là que le jeune prince de Galles, à peine âgé de
seize ans, fit pour la première fois admirer son
courage; emporté par sa valeur il s'exposa aux
plus grands dangers: on demandait pour lui des
secours à son père, « est-il mort ou blessé, s'écrie
» le roi ? — Non — Eh bien laissez le faire, l'hon-
» neur de cette journée doit lui appartenir, il faut
» qu'il gagne ses éperons et ne doive la victoire
» qu'à son propre courage. » La VICTOIRE en effet
se déclara pour les Anglais quoique très inférieurs
en nombre. On dit que LES CANONS, dont on se servait pour la première fois, contribuèrent beaucoup
au succès.

Si les Français perdirent cette bataille par leur
imprudence, ils la disputèrent long-temps par leur
courage et voulurent au moins mourir avec honneur.

La bataille de Crécy fut suivie pour les Anglais
des plus grands avantages.

1346**

GUERRE CONTRE LES ÉCOSSAIS.

Tandis qu'Édouard triomphait en France, David Bruce était remonté sur le trône d'Écosse et
marchait sur l'Angleterre à la tête d'une puissante
armée. En l'absence d'Édouard, son épouse la
reine Philippe entreprend de défendre son pays;
cette héroïne prend elle-même les armes, livre

bataille aux Écossais, et remporte sur eux UNE
ÉCLATANTE VICTOIRE, leur roi DAVID BRUCE EST FAIT
PRISONNIER.

1347

SIÉGE DE CALAIS.

Édouard, poursuivant ses conquêtes en France,
avait mis le siége devant Calais, défendu par Jean
de Vienne. Après une longue et courageuse résistance, les habitants, réduits par la famine aux
dernières extrêmités, demandent à capituler.
Édouard exige d'abord qu'ils se rendent à discrétion : il consent ensuite à leur faire grâce à condition que six des plus notables lui soient livrés.
EUSTACHE DE SAINT PIERRE se dévoue le premier
à la mort, de généreux citoyens font comme lui
le sacrifice de leur vie et ces NOBLES VICTIMES SONT
AMENÉES AU CAMP D'ÉDOUARD. Peu touché de cet
héroïque dévouement le monarque allait im-
moler ces braves, lorsque la reine se jetant
à ses genoux désarma sa colère et obtint leur
grâce.

Peu de temps après la reddition de Calais, les
deux rois conclurent une trève qui suspendit encore une fois les hostilités.

1356

GUERRE AVEC LA FRANCE.

Le roi Jean avait succédé à Philippe de Valois
son père; lorsque la trève avec la France expira.

La guerre s'étant donc rallumée de nouveau, Édouard débarque à Calais; uni au prince de Galles (le prince noir), il ravage plusieurs provinces et gagne enfin LA CÉLÈBRE BATAILLE DE POITIERS, OÙ LE ROI DE FRANCE EST FAIT PRISONNIER. Ce prince fut conduit à Londres, et la captivité de deux rois dans la même cour (1) et au même instant excita l'enthousiasme de la nation.

Le prince noir unissait la générosité au courage; il traita son ennemi vaincu avec tous les honneurs dus à son rang et adoucit pour lui le malheur de la captivité.

1360

Édouard s'était rendu de nouveau redoutable à la France, lorsque LE TRAITÉ DE BRÉTIGNY vint suspendre la guerre. Ce traité fut conclu par les députés du roi d'Angleterre et par le dauphin de France, régent du royaume pendant la détention de son père.

Les conditions du traité de Brétigny furent d'abord que la Guienne, le Poitou, la Saintonge et le Limousin demeureraient en toute propriété au roi d'Angleterre, qu'Édouard renoncerait à ses prétentions sur le royaume de France, et sur les provinces possédées par ses ancêtres et qu'enfin le roi Jean payerait trois millions d'écus d'or pour sa rançon.

(a) David Bruce Roi d'Écosse et Jean-le-Bon Roi de France. Voyez le médaillon d'Édouard III.

En conséquence de ce traité, Jean fut rendu à la liberté, mais un de ses fils resta en otage à Londres.

1370, etc.

NOUVELLE GUERRE AVEC LA FRANCE.

Quelques infractions au traité de Brétigny devinrent un prétexte pour recommencer la guerre.

Charles V dit *le sage* avait remplacé son père sur le trône de France ; ce prince élevé à l'école du malheur se rendit plus redoutable encore par sa politique habile que par ses armes. Après avoir laissé les Anglais consumer leurs forces en vaines tentatives, il leur opposa *Duguesclin* guerrier célèbre, qui bientôt leur enleva tout ce qu'ils possédaient en France : ainsi Édouard PERDIT SUCCESSIVEMENT DES CONQUÊTES, qui avaient coûté à la nation tant d'hommes et d'argent.

Le prince de Galles, atteint de la consomption, ne recevant d'ailleurs aucun secours d'Angleterre, fut contraint d'abandonner la France, désespérant de ramener sous ses drapeaux la fortune inconstante.

1375

Le retour forcé du prince de Galles ne laissant plus à Édouard aucune espérance, il conclut UN TRAITÉ AVEC CHARLES V, par lequel la France conserva tous ses avantages.

1377

MORT D'ÉDOUARD III.

Le prince de Galles avait précédé son père
au tombeau; cet illustre guerrier expira dans la
46ᵉ année de son âge, laissant à la postérité un
nom sans tache et à sa nation des regrets mé-
rités.

Le roi accablé de douleur ne survécut qu'un
an à cet évènement fatal et quoiqu'il lui restât
d'autres fils encore, il déclara pour son successeur
Richard, fils du prince de Galles.

Le règne d'Édouard doit être regardé sans
doute, comme un des plus glorieux de la monarchie Anglaise; ce prince néanmoins excita plutôt
l'admiration que l'amour de ses peuples dont il
fut peu regretté. Passionné pour la gloire, il lui
sacrifia souvent les sentiments de l'humanité, le
sang de ses sujets et l'intérêt même de son pays.

Sous ce règne fut aboli l'usage de la langue
française dans les actes publiques; usage intro-
duit par Guillaume le conquérant.

Le tribut que l'on payait au pape depuis le
règne de Jean-Sans-Terre (en 1208), fut également
supprimé malgré les menaces d'Innocent VI.

7

RICHARD II,

HUITIÈME ROI PLANTAGENET.

de 1377 à 1399.

1377

RICHARD II, fils du prince de Galles, hérite des droits de son père à la couronne d'Angleterre et succède à Édouard III, son aïeul, n'étant âgé que de onze ans; les princes, fils d'Édouard ne mettent aucune opposition au couronnement de leur neveu.

1377*

RÉGENCE DES TROIS ONCLES DE RICHARD, LES DUCS DE LANCASTRE, D'YORK ET DE GLOCESTER.

1381

RÉVOLTE.

Des guerres désastreuses ayant épuisé le trésor sous le règne précédent, il fallut recourir à des impôts qui excitèrent les murmures du peuple. Cent mille rebelles sont bientôt répandus dans tout le royaume, ayant à leur tête Wat Tyller (un forgeron): ils s'avancent vers la capitale, le palais est forcé; mais le jeune roi paraît, harangue les mutins, et par sa fermeté autant que par sa

douceur , il calme les esprits et apaise le tu-
multe.

1381*

Richard pour satisfaire le vœu de la nation,
lui accorde UNE CHARTE, mais bientôt après il LA
RÉVOQUE.

1388

GUERRE CIVILE ENTRE LES PRINCES ET LE FAVORI.

Richard, uniquement livré à ses plaisirs, com-
blait de bienfaits ceux qui flattaient ses goûts et
ses passions. De ce nombre était Robert de Vere,
comte d'Oxford, qui avait pris le plus grand ascen-
dant sur son esprit. La faveur dont jouissait Robert indisposa les princes du sang et la haute noblesse: le duc de Glocester, habile à saisir tout ce
qui pouvait flatter son ambition, se déclare ouvertement contre le favori et contre le roi lui-même.
La GUERRE CIVILE ÉCLATE avec fureur et LE ROI
VAINCU se trouve plus que jamais sous la dépendance du duc de Glocester et de ses frères qui
conservaient encore la régence; ce ne fut qu'à
l'âge de vingt trois ans que Richard, voulant
jouir enfin des droits que lui donnait sa majorité,
commença à régner par lui-même.

1388*

LES BOMBES sont inventées par un Hollandais
de Venlo.   7*

1396

TRAITÉ AVEC CHARLES VI ROI DE FRANCE.

La guerre avec la France avait été souvent interrompue, souvent renouvelée; Richard espérant y mettre un terme, conclut avec Charles VI une trève de 25 ans.

Par un article de ce traité, fut arrêté le mariage de Richard, alors veuf, avec Isabelle, fille de Charles VI, quoique cette princesse n'eut encore que sept ans.

*

LES CARTES A JOUER sont inventées par un peintre nommé Jacquemin Gringoneur, pour distraire le roi de France Charles VI qui était tombé en démence.

1398

COMBAT SINGULIER DES DUCS D'HEREFORD ET DE NORFOLK.

Richard ne possédait point l'art de gouverner. D'un côté des actes arbitraires, de l'autre une confiance aveugle en ses favoris, le rendaient tour-à-tour l'objet de la haine et du mépris de son peuple, et préparaient la catastrophe qui le précipita du trône.

Le duc d'Hereford fils du duc de Lancastre et le duc de Norfolk avaient eu ensemble une querelle au sujet du roi: un cartel en fut la suite; LES DEUX CHAMPIONS ÉTAIENT EN PRÉSENCE, lorsque Richard,

interposant son autorité pour faire cesser le duel,
ordonna aux combattants de sortir du royaume,
les punissant tous deux comme également coupables; cet arrêt parut injuste ou pour l'un ou pour
l'autre, et leur inspira à tous deux le désir de la
vengeance.

1399

GUERRE CIVILE CONTRE LE DUC D'HEREFORD

Le duc de Norfolk, banni de sa patrie, avait suc-
combé au chagrin; le duc d'Hereford venait de
perdre son père le duc de Lancastre, et comme son
héritier il réclamait ses droits et ses apanages;
Richard s'en était emparé, il refusait de les rendre. Le duc irrité de cette nouvelle injustice profite de l'absence du roi qui venait de passer en
Irlande; il quitte la France où il était exilé et débarque en Angleterre avec un petit nombre
d'amis, auxquels viennent bientôt se joindre tous
les mécontents du royaume. En peu de jours il
est à la tête d'une armée de soixante mille hommes.

Richard quitte précipitamment l'Irlande, revient
dans ses états; mais trop faible pour résister à une
ligue si formidable, IL EST VAINCU et DÉTRÔNÉ par
les rebelles. Le duc d'Hereford est proclamé roi
à sa place sous le nom *d'Henry IV*.

De cette époque datent les rivalités et les haines
qui ont divisé si long-temps les maisons *d'York*
et de *Lancastre*.

1399*

LE ROI PRISONNIER.

Richard abreuvé d'humiliation fut promené dans la ville, monté sur un cheval étique et en but aux outrages d'un peuple immense, que ne put émouvoir ce triste spectacle. *Vive le duc de Lancastre* était le cri général; c'est ainsi que l'infortuné monarque fut conduit dans LA PRISON OÙ L'ATTENDAIT UNE MORT CRUELLE.

1399**

MORT DE RICHARD II.

Privé de la couronne et dans la captivité, Richard inspirait encore des craintes à l'usurpateur, qui fit ASSASSINER ce malheureux prince dans le château de Pontefract où il était enfermé.

On raconte que Richard vendit chèrement sa vie à ses bourreaux. S'étant élancé sur un d'eux, il lui arracha sa hache de guerre et étendit à ses pieds quatre de ces scélérats; mais accablé par le nombre il expira percé de coups.

Richard ne laissa point d'enfants.

HENRY IV,

NEUVIÈME ROI PLANTAGENET.

BRANCHE DE LANCASTRE.

de 1399 à 1413.

1399

Henry, duc de Lancastre et d'Hereford avait été proclamé roi après la déposition de Richard III, son cousin. A la mort de ce prince, il continua de régner au préjudice d'Édouard Mortimer, comte de la Marche et duc d'York, héritier légitime de la couronne d'Angleterre.

1400 etc.

Conspirations, révoltes continuelles contre l'usurpateur; à peine l'une est-elle apaisée que l'autre se renouvelle. Les animosités, les vengeances se portent aux derniers excès dans le parlement.

1403

GUERRE CIVILE — BATAILLE DE SCHREWSBURY.

D'une révolte à la guerre civile il n'y a qu'un pas; bientôt donc la guerre éclata en Angleterre et voici quel en fut le motif :

Le comte de Northumberland était un des seigneurs de la cour qui avait contribué le plus à assurer la couronne d'Angleterre à Henry IV; au lieu de la reconnaissance qu'il attendait, il n'essuya que des injustices et jura de renverser un trône que lui-même prétendait avoir élevé.

Il était déjà à la tête d'un parti nombreux, lorsqu'une maladie le força à céder le commandement à son fils Percy. Le roi, instruit du projet des rebelles, s'avance pour les combattre : les deux chefs animés d'un vif ressentiment donnent à l'envi des preuves du plus grand courage, long-temps la victoire est incertaine Percy, enfin est BLESSÉ MORTELLEMENT ET HENRY EST VAINQUEUR.

La sanglante bataille de Schrewsbury coûta, dit-on, la vie à plus de huit mille hommes dont les deux tiers étaient de l'armée de Percy.

Ne pouvant se relever après cette défaite, les rebelles furent contraints de se soumettre.

1403*

Les principaux CHEFS DES REBELLES pris les armes à la main furent condamnés et EXÉCUTÉS deux jours après la bataille.

Northumberland ne s'étant point trouvé au combat de Schrewsbury, le roi lui pardonna généreusement, le croyant sans doute assez puni par la perte de son armée, et la mort de son fils.

1406

LA GUERRE CIVILE SE RALLUME de nouveau. Le comte de Northumberland, ne pouvant oublier la mort de Percy et la ruine de sa maison, s'engage dans une nouvelle ligue avec Richard, archevêque d'York et le comte de Nottingham.

Le prince de Galles depuis Henry V est VAIN-QUEUR DES REBELLES ; le comte de Nottingham ayant été pris EST EXÉCUTÉ.

1408

Le feu de la discorde s'éteignit enfin et HENRY RÉGNA PAISIBLEMENT sur l'Angleterre, faisant oublier son usurpation par un gouvernement plein de sagesse. C'est ainsi qu'après avoir inspiré la crainte, il travailla à conquérir l'affection de ses sujets.

1412

L'héritier du trône, HENRY PRINCE DE GALLES, oubliant ce qu'il devait à son rang, se livrait aux plus honteux excès et s'entourait sans cesse des hommes les plus dépravés.

Un de ses compagnons de plaisir fut traduit un jour pour une faute grave devant *Guillaume Gascoigne*, premier juge du banc du roi. Le jeune prince était présent; entendant prononcer contre l'accusé un jugement sévère mais juste, il s'emporta au point de FRAPPER LE MAGISTRAT EN PLEINE AUDIENCE: celui-ci voulant au moins faire respecter sa place l'envoya sur le champ en PRISON.

Henry apprit cet évènement; au lieu de blâmer le juge, il s'écria: « Heureux le roi qui a des ma-» gistrats assez courageux pour faire exécuter les

» lois sur un tel coupable, et plus heureux le mo-
» narque dont le fils se soumet à un tel châti-
» ment ! »

1413

MORT DU ROI.

Après s'être affermi sur le trône d'Angleterre,
Henry méditait quelques expéditions au dehors,
mais sa santé s'affaiblissant de jour en jour s'opposa à l'exécution de ses desseins. Il mourut à
Westminster dans la quarante sixième année de
son âge et la treizième de son règne.

HENRY V,

DIXIÈME ROI PLANTAGENET,

BRANCHE DE LANCASTRE.

de 1413 à 1422.

1413

Henry V, fils de Henry IV, lui succéda. Parvenu au trône, ce jeune prince abjura les erreurs de sa jeunesse et porta dans le gouvernement un esprit ferme et des vues supérieures. Il rassembla les compagnons de ses égarements, leur déclara qu'il voulait désormais vivre et agir en roi et les exhorta à changer eux-mêmes de conduite; il les congédia ensuite après avoir joint ses bienfaits à ses conseils.

Le nouveau roi accorda toute sa confiance aux anciens ministres de son père, le juge *Gascoigne* lui-même eut part à ses faveurs et loin de lui adresser aucun reproche, il l'exhorta à rendre toujours la justice avec la même impartialité.

1413*

Henry fait régner avec lui la justice et la paix: il s'applique à rendre heureux son peuple et sait enfin réunir tous les suffrages en conciliant tous les esprits.

1415

GUERRE AVEC LA FRANCE. SIÉGE D'HARFLEUR.

Henry venait d'apaiser quelques troubles excités par une secte religieuse connue sous le nom de *Dollards*; pour détourner l'attention de ses sujets, il résolut de porter la guerre sur le continent.

Charles VI régnait en France, l'état de démence dans lequel il était tombé livrait ce royaume aux plus cruelles agitations. Le roi saisit une circonstance si favorable à ses desseins, et va tenter d'ébranler par ses armes les fondements de la monarchie française; il rassemble une flotte nombreuse, une puissante armée, VIENT ASSIÉGER HARFLEUR ET S'EN EMPARE..

1415*

CÉLÈBRE BATAILLE D'AZINCOURT.

L'armée anglaise affaiblie par les maladies songeait à la retraite, lorsque tout à coup elle rencontre l'ennemi dans les plaines d'Azincourt avec des forces bien supérieures aux siennes. Toute résistance semblait vaine: cependant l'attaque commence, les Anglais d'abord sont repoussés, mais déterminés à vaincre ou à mourir ils fondent sur les Français avec impétuosité et remportent UNE VICTOIRE ÉCLATANTE. L'ennemi forcé de se rendre céda la place, laissant le champ de bataille couvert de morts; sa perte fut innombrable, les ducs d'Orléans et de Bourbon furent faits prisonniers.

Le défaut d'argent ayant empêché les Anglais de continuer la guerre, une trève fut conclue et peu de temps après Henry, couvert de gloire, repassa en Angleterre.

1417

La France, gouvernée par un monarque insensé, est en proie aux horreurs d'une GUERRE CIVILE (a): des princes sont ASSASSINÉS et deux factions connues sous le nom de *Bourguignons* et *d'Armagnac* déchirent le royaume.

1418 etc.

NOUVELLE GUERRE AVEC LA FRANCE.

Henry profite du désordre où la France était plongée pour y porter de nouveau ses armes victorieuses et VAINQUEUR encore en Normandie, il s'empare d'une partie de cette province.

1419

LA VILLE DE ROUEN EST ASSIÉGÉE par les Anglais; après s'être défendue avec courage elle est forcée de SE RENDRE.

Henry alors ne rencontrant plus d'obstacles est maître en quelque sorte de la France entière.

(a) Voyez le médaillon d'Henry V. — On a désigné ici cette époque désastreuse de l'histoire de France, afin de préparer à l'idée de l'asservissement de cette puissance, qu'une suite de malheurs précipita sous un joug étranger.

1420

TRAITÉ DE TROYES.

Les factions françaises loin de se réunir contre un puissant vainqueur se joignent à lui pour dépouiller l'héritier de la couronne.

Henry est reçu à Troyes par la reine et les princes, qui signent avec lui un traité par lequel il fut décidé que le roi d'Angleterre épouserait Catherine fille de Charles VI et qu'à la mort de ce prince Henry JOINDRAIT LA COURONNE DE FRANCE A CELLE D'ANGLETERRE: que jusque là il gouvernerait en qualité de régent, et que le dauphin serait déclaré ennemi de l'état et poursuivi comme tel.

1421

VICTOIRES SUR LE DAUPHIN.

Avec des forces bien inférieures à celles du roi d'Angleterre, le dauphin voulait néanmoins défendre ses droits à la couronne: Henry le poursuivit, REMPORTA SUR LUI PLUSIEURS AVANTAGES, mais le prince Français évita toute affaire décisive qui l'eut perdu sans retour.

1422

MORT D'HENRY.

Henry avait fixé sa résidence à Paris où rien n'égalait la magnificence de sa cour. Ce prince couvert de gloire, maître de deux couronnes, semblait n'avoir plus de vœux à former: ce fut au sein de ce bonheur que la mort vint le frapper. Atteint d'un mal cruel, il expira sans se plaindre, dans la trente quatrième année de son âge et la neuvième de son règne.

Aussi grand politique qu'illustre guerrier, Henry mérita l'amour de ses sujets autant que leur admiration, et sut même gagner l'affection de ses ennemis par sa clémence et sa générosité. Ce prince qui avait eu une jeunesse orageuse, était devenu sage, vertueux, appliqué au gouvernement, et il eut été un modèle dans l'art de régner, sans cette insatiable ambition qui causa tant de maux à la France, sans qu'il en résultât aucun avantage réel pour l'Angleterre.

Charles VI suivit de près Henry V au tombeau.

HENRY VI,

ONZIÈME ROI PLANTAGENET.

BRANCHE DE LANCASTRE.

de 1422 à 1461.

1422

Henry VI, fils de Henry V, lui succéda étant encore au berceau.

1422*

Le jeune roi possédant LES DEUX COURONNES DE FRANCE ET d'ANGLETERRE, LE DUC DE GLOCESTER est déclaré RÉGENT D'ANGLETERRE ET LE DUC DE BEDFORD RÉGENT DE FRANCE.

1422**

BATAILLE DE VERNEUIL.

Le roi de France, (Charles VI,) venait de mourir; le dauphin sous le nom de Charles VII, lui avait succédé. Ce prince, jeune, sans expérience, se livrait aux plaisirs, tandis que les Anglais possédaient presqu'entièrement son royaume : le duc de Bedfort remporta sur son parti plusieurs avantages, dont le plus important fut la BATAILLE DE VERNEUIL qui affermit de plus en plus la domination Anglaise.

1429

SIÉGE D'ORLÉANS.

Vaincu de toutes parts, le parti du roi de France était dans une situation désespérée; la ville d'Orléans sa dernière ressource était assiégée et sur le point de se rendre, quand tout-à-coup elle fut délivrée miraculeusement.

UNE HÉROÏNE, JEANNE D'ARC eut la gloire de sauver son pays. Marchant à la tête des Français elle vole au combat, fait LEVER LE SIÉGE D'ORLÉANS et remporte victoires sur victoires.

1431

SUPPLICE DE JEANNE D'ARC. *

Cette merveilleuse héroïne tombe au pouvoir des Anglais : déclarée coupable d'hérésie, elle est condamnée comme telle à PÉRIR DANS LES FLAMMES. Sentence absurde et infame suivie de son exécution plus infame encore.

1436

DÉFAITE DES ANGLAIS EN FRANCE.

La fortune avait changé de face, Charles VII victorieux sur tous les points, enlevait chaque jour aux Anglais leurs anciennes conquêtes; il rentra enfin dans sa capitale qui le reconnut pour souverain.

Peu de temps après une trève fut conclue entre la France et l'Angleterre

8

1445

Henry épouse MARGUERITE D'ANJOU, fille de René roi de Sicile; cette princesse célèbre unissait aux grâces et aux vertus de son sexe les qualités brillantes d'un HÉROS (a).

1450

GUERRE AVEC LA FRANCE. DÉFAITE DES ANGLAIS.

La trève ayant été rompue, la guerre se ralluma de nouveau entre les deux puissances; les Anglais VAINCUS par Charles VII perdirent successivement la Normandie, la Guienne, Bordeaux, etc.; de toutes leurs conquêtes enfin, il ne leur resta plus que Calais.

1454

FACTIONS DE LA ROSE BLANCHE ET DE LA ROSE ROUGE.

Richard III, prince de la maison d'York, avait été dépouillé de la couronne par le duc de Lancastre, qui régna sous le nom d'Henry IV: depuis ce temps, deux princes de la même famille, Henry V et Henry VI avaient successivement occupé le trône d'Angleterre.

Richard, duc d'York, héritier de cette maison, entreprit de faire valoir ses droits contre le faible

---

(a) (*Voyez le médaillon d'Henry VI. — Deux branches de lauriers* jointes au portrait de la reine Marguerite indiquent les exploits de cette princesse qui, soutint la cause de son époux dans douze batailles rangées.

Henry VI qui lui sembla un rival peu dangereux, et bientôt le royaume fut divisé entre les
partis de ces deux princes.

Richard, chef de la maison d'York, portait
dans ses armes UNE ROSE BLANCHE et Henry, chef
de la maison de Lancastre UNE ROSE ROUGE; ces
deux fleurs donnèrent leurs noms aux deux factions qui déchirèrent l'Angleterre et firent couler
des fleuves de sang.

De nombreux combats eurent lieu avec des
succès balancés, mais le parti du roi fut plus souvent VAINCU que vainqueur, et fut enfin complètement défait à la journée de Saint-Alban, où
Henry tomba au pouvoir de ses ennemis.

1455

Henry vaincu à Saint Alban PERD SA COU-
RONNE, le duc d'York s'empare de l'autorité : quel-
que temps après le roi par un accommodement RE-
MONTE SUR LE TRÔNE.

1460

BATAILLE DE WAKEFIELD.

La guerre semblait n'avoir été suspendue un
moment que pour se rallumer avec plus de fureur
que jamais; on reprend les armes : après avoir es-
suyé des pertes immenses, le parti du roi, soutenu
par le génie de Marguerite son épouse, résiste aux
forces supérieures du duc d'York et REMPORTE
UNE VICTOIRE COMPLÈTE A WAKEFIELD, où le duc
perdit la vie.   8*

Ainsi le parti de LA ROSE ROUGE, une fois encore, A LE DESSUS.

1460 *

Le malheureux Henry jouet des factions PERD ET REPREND TOUR A TOUR SA COURONNE.

Après la mort du duc d'York, tué à la bataille de Wakefield, le prince Édouard son fils l'avait remplacé à la tête de son parti et secondé du comte de Warwick un des plus grands capitaines de son siècle, il s'était fait proclamer roi d'Angleterre ; mais quelque temps après Édouard ayant eu quelques démêlés avec le comte, celui-ci tourna ses armes contre lui et replaça Henry sur le trône.

Comme Warwick avait contribué successivement à la chute et à l'élévation des deux monarques, on le nomma le faiseur de rois.

1460 **

Édouard s'était réfugié en Hollande ; mais comptant sur les dispositions du peuple en sa faveur, il revient en Angleterre, rassemble ses amis, prend les armes : le roi est vaincu, le comte de Warwick tué dans le combat et le parti de la ROSE BLANCHE DOMINE à son tour.

1461

L'infortuné monarque est confiné dans une PRISON qui bientôt après devient son TOMBEAU.

1461*

CAPTIVITÉ DE LA REINE ET DU PRINCE SON FILS.

Marguerite, ayant voulu tenter un dernier effort, avait été vaincue à la bataille de Tewkesbury; cette sanglante défaite mit le comble à son infortune : tombée au pouvoir d'Édouard, il la retint PRISONNIÈRE ainsi que le jeune prince son fils.

Les deux illustres captifs furent amenés en présence du vainqueur: Édouard demanda au jeune prince âgé alors de dix huit ans comment il avait osé tenter d'envahir ses états ? « Je venais dans « ceux de mon père, répondit-il, venger ses inju- « res et les miennes. »

Édouard transporté de fureur frappe le fils de Henry de son gantelet; c'était le signal d'une atrocité plus grande encore, le malheureux prince MEURT percé de coups par les ducs de Glocester et de Clarence.

De tous les prisonniers d'Édouard, LA REINE SEULE CONSERVA LA VIE: cette femme extraordinaire, après avoir brillé sur le trône par l'éclat de ses vertus, après avoir soutenu la cause de son époux dans douze batailles rangées, succomba enfin malgré son courage, et passa quatorze ans dans la captivité, exemple mémorable des vicissitudes de la fortune.

1461 **

MORT DE HENRY VI.

Le meurtrier du jeune prince devient encore

celui de son fils, Henry est ᴀssᴀssɪɴᴇ́ par le duc de Glocester, qui régna depuis sous le nom de Richard III: ce fut le dénouement de cette affreuse tragédie.

ÉDOUARD IV,

DOUZIÈME ROI PLANTAGENET,

BRANCHE D'YORK.

de 1461 à 1483.

1461.

Edouard IV, fils de Richard duc d'York, devint par la mort d'Henry VI tranquille possesseur de la couronne d'Angleterre; mais ce prince à la fois cruel et dépravé se rendit non moins odieux par sa tyrannie, que méprisable par ses excès.

1461 *

Le parti de la rose rouge ayant été totalement renversé par Édouard, il punit tous ceux qui avaient été contraires à sa cause, et en fait exécuter un grand nombre.

1472

Une peste affreuse ravagea l'Angleterre et enleva plus de monde que dix années de guerre.

1475

TRAITÉ DE PÉQUIGNY AVEC LOUIS XI ROI DE FRANCE.

Édouard, uni à Charles-le-Téméraire, duc de Bourgogne, voulait tenter de conquérir la France: il débarque à Calais à la tête d'une nombreuse armée; mais Louis XI plus politique que guerrier préfère les traités aux batailles, il achète une trève de sept ans pour un tribut annuel de cinquante mille écus d'or.

La délivrance de la reine Marguerite, sœur du roi de France, fut une des conditions du traité de Pequigny; Louis paya la rançon de cette princesse célèbre qui mourut en France quelques années après.

1477

Édouard, pour une faute légère avait fait mourir un des favoris de son frère, le duc de Clarence; révolté d'une sentence aussi injuste, le duc osa blâmer la rigueur d'Édouard: bientôt il est cité lui-même à la cour des pairs, accusé, déclaré coupable, il n'a que le choix du supplice; à sa demande il est NOYÉ DANS UNE TONNE DE MALVOISIE.

*

L'ART DE L'IMPRIMERIE inventé en Allemagne en 1440, par Jean Guttemberg, fut seulement connu en Angleterre sous le règne d'Édouard. LA PREMIÈRE PRESSE fut établie à cette époque dans l'abbaye de Westminster.

L'art de la GRAVURE inventé quelques années après l'imprimerie, fut en usage en Angleterre à peu près vers la même époque.

1483

Édouard MEURT, au moment où il se préparait
à recommencer la guerre avec la France; ce prince
se distingua sans doute par sa bravoure, mais on
lui reproche avec raison sa cruauté et trop de
penchant au plaisir.

Édouard laissa deux fils; l'un, Édouard prince
de Galles, qui lui succéda, l'autre Richard, duc
d'York.

ÉDOUARD V,

TREIZIÈME ROI PLANTAGENET.

BRANCHE D'YORK.

en 1483.

1483

Édouard V âgé de treize ans succède à son père, Édouard IV.

1483*

Le duc Glocester, frère du feu roi est nommé RÉGENT du ROYAUME; maître de l'autorité, il ose prétendre à la couronne et pour mieux assurer ses prétentions, il s'empare des jeunes princes qu'il fait enfermer à la tour, sous prétexte de les mettre en lieu de sûreté.

1483**

Prompt à sacrifier tout ce qui s'oppose à sa coupable ambition, le régent fait exécuter ou plutôt ASSASSINER LE COMTE DE RIVERS frère de la reine et l'homme le plus accompli du royaume : bientôt après il fait encore EXÉCUTER SANS JUGEMENT LORD HARTINGS grandchambellan, serviteur fidèle d'Édouard IV et dévoué aux intérêts de son successeur.

Jeanne Shore qui avait été la maîtresse du feu roi éprouva aussi les effets de l'indignation du

régent ; accusée de magie, elle fut livrée aux trai-
tements les plus ignominieux.

1483***

N'étant plus retenu par aucun frein, LE RÉGENT,
secondé du duc de Buckingham, seigneur très
puissant, s'empare ouvertement de LA COURONNE.

Pour justifier son usurpation, il attaque la
naissance de ses frères Édouard IV, et le duc de
Clarence et prétend que lui seul est fils légitime
du duc d'York et par conséquent le seul héritier
du trône.

Le peuple s'étant rassemblé, un faible cri s'élève
vive le roi Richard. Ce cri est considéré comme
le vœu national, et le régent regarde alors ses
droits comme établis.

C'est ainsi qu'il se rendit maître de la couronne,
qu'il feignit néanmoins de n'accepter qu'à regret.

1483 ****

ÉDOUARD EST DÉTRÔNÉ par celui qui aurait dû le
protéger et le défendre; son jeune frère le duc
d'York partage ses malheurs : PRISONNIERS TOUS LES
DEUX ils sont bientôt VICTIMES L'UN ET L'AUTRE de la
barbarie de leur oncle.

A peine Richard est-il sur le trône qu'il envoye l'ordre à Brakenbury gouverneur de la tour
de faire périr les jeunes princes.—Je ne sais point
tremper mes mains dans le sang innocent, répond
ce brave officier. Le tyran lui enjoint alors de re-

mettre pour une nuit les clefs de la tour à Jacques
Tyrel. Ce monstre, associé à d'autres scélérats,
pénètre dans la prison, où les jeunes princes dor-
maient profondément; Ces malheureux sont étouf-
fées sous des oreillers et enterrés ensuite dans une
fosse creusée aux pieds de la tour sous un mon-
ceau de pierres.

Charles II dans la suite fit élever à ces deux
victimes un tombeau à Westminster.

RICHARD III,

QUATORZIÈME ROI PLANTAGENET.

BRANCHE D'YORK.

de 1483 à 1485.

1483

RICHARD III, auparavant duc de Glocester, succède à l'infortuné Édouard V qu'il avait détrôné; maître de la couronne par la mort de ce prince, il ne met plus de bornes à ses cruautés.

1484

RÉVOLTE DU DUC DE BUCKINGHAM.

Richard avait promis au duc de Buckingham de le récompenser de ses services, il oublia sa promesse ou refusa de l'effectuer.

Le duc résolu de se venger, excite les Gallois à la révolte, assemble des troupes et marche contre le roi; mais il est trahi par son parti et livré à Richard. Dans le même instant il est accusé, condamné et EXÉCUTÉ selon l'usage expéditif de ce temps: tous les conjurés furent punis avec la même rigueur.

1485

GUERRE CIVILE, BATAILLE DE BOSWORTH.

Le comte de Richemond, issu de la famille de

Lancastre, tente de rétablir sa maison sur le trône: il débarque en Angleterre et réclame ses droits à la couronne. Richard veut en vain s'opposer à ses prétentions, IL EST VAINCU à Bosworth et le parti DE LA ROSE ROUGE EST TRIOMPHANT.

1485*

Richard dans ce dernier combat PERDIT LA COURONNE ET LA VIE, sa mort termina la querelle qui depuis trente années inondait l'Angleterre, du sang de ses habitants. Cette guerre civile, une des plus longues et des plus cruelles qui figurent dans l'histoire, coûta la vie à plus d'un million d'hommes dans treize batailles rangées.

Avec Richard *s'éteignit la maison* d'Anjou-Plantagenet, qui avait occupé le trône pendant trois cent trente ans.

ROIS TUDOR,

DEPUIS L'AN 1485 JUSQU'EN 1603.

Voyez le Tableau N°. 4.

HENRY VII,

PREMIER ROI TUDOR.

de 1485 à 1509.

1485

Richemond succéda à Richard III sous le nom D'HENRY VII; il était fils *d'Edmond Tudor* comte de Richemond et de Marguerite de la maison de Lancastre: il fut proclamé roi par le peuple et le parlement; le pape Innocent III confirma ses droits à la couronne.

1485*

A peine Henry est-il sur le trône, qu'il épouse ÉLISABETH fille d'Édouard IV; ce mariage en réunissant à jamais les intérêts des deux maisons d'York et de Lancastre RÉUNIT de même les deux partis de LA ROSE BLANCHE ET DE LA ROSE ROUGE.

1487

SIMNEL (FAUX ROI.)

Une longue suite de guerres civiles, avait

rendu le peuple turbulent et de nouvelles factions éclataient sans cesse dans le royaume.

Un nommé SIMNEL fils d'un boulanger se fait passer pour le comte de Warwick, fils de ce duc de Clarence qui avait été noyé dans une tonne de malvoisie; il prétend en conséquence avoir des droits au trône d'Angleterre comme descendant des Plantagenet, et parvient enfin par ses intrigues à se faire COURONNER à Dublin.

1488

GUERRE CIVILE CONTRE SIMNEL.

Fort de l'appui que lui prêtaient quelques seigneurs mécontents, SIMNEL quitte l'Écosse et arrive en Angleterre. Henry fait marcher des troupes contre lui et les deux armées se rencontent à STOK, après un combat sanglant LE ROI EST VAINQUEUR et le faux Plantagenet PERD A LA FOIS SA ÇOURONNE ET SA LIBERTÉ.

Trop méprisable pour inspirer des craintes, Simnel obtint son pardon et fut placé dans un des derniers emplois de la cuisine du roi.

La tranquillité ne fut pas rétablie pour cela: une insurrection n'était pas plus tôt apaisée qu'il en éclatait de nouvelles, et le roi contraint de repousser la force par la force, avait sans cesse à lutter contre des sujets rebelles.

Henry vers la même époque fit quelques tentatives de guerre contre la France, mais elles n'eurent aucune suite.

1494

PERKIN NOUVEL IMPOSTEUR.

La duchesse de Bourgogne qui, par des motifs de vengeance avait cherché déjà à exciter des troubles en Angleterre, tente un nouveau moyen pour y parvenir. Elle fait circuler le bruit que le jeune duc d'York, qu'on avait cru assassiné dans la tour, était vivant; un nouvel imposteur nommé Perkin paraît sous le nom du jeune prince. Des dehors aimables lui attirent bientôt un grand nombre de partisans, il prétend avoir des droits à la couronne, et PREND LE TITRE DE RICHARD IV, ROI D'ANGLETERRE.

1496

GUERRE CIVILE CONTRE PERKIN.

Ayant rassemblé une petite armée, Perkin vient combattre le monarque anglais, Henry est VAINQUEUR et fait éxécuter tous les rebelles tombés en son pouvoir.

Perkin après cet échec, se réfugia en Écosse ou le roi Jacques III lui offrit un asile. Il lui fit épouser Catherine Gordon sa proche parente.

1498

DÉCOUVERTE DE L'AMÉRIQUE.

Les premières îles de l'Amérique avaient été découvertes en 1492 par *Christophe Colomb* génois. *Americ Vespuce* négociant florentin en découvrit le continent en 1498 et lui donna son nom, moins digne de célébrité que celui du premier navigateur.

1498*

SUITE DES GUERRES CIVILES CONTRE PERKIN.

Soutenu par le roi d'Écosse, Perkin avait fait de nouvelles, mais infructueuses tentatives, pour s'emparer du trône d'Angleterre; il saisit l'occasion d'un soulèvement excité par un impôt excessif, revient en Angleterre et se met à la tête des rebelles.

Cette fois encore HENRY EST VAINQUEUR et Perkin contraint de renoncer à ses prétentions à la couronne.

Quelque temps après ayant conspiré contre le roi, il fut condamné et ÉXÉCUTÉ. Plusieurs de ses complices subirent le même sort.

1500, etc.

Après avoir apaisé les troubles, éteint l'esprit de faction, Henry fit goûter à son peuple les fruits heureux de la PAIX, il dicta de SAGES LOIS et fit fleurir le COMMERCE. Aucun prince ne contribua autant que lui à policer les Anglais, et ne rendit enfin ses sujets plus heureux.

1509

MORT D'HENRY VII.

Henry meurt au château de Richemond, son habitation favorite. Malgré les grandes qualités de ce prince, on lui reproche avec raison un amour insatiable des richesses qui l'emportait dans son cœur, sur l'ambition même. Les approches de la mort imprimèrent, dit-on, des craintes dans son âme et l'engagèrent à indemniser ceux de ses sujets qu'il avait dépouillés injustement. On a prétendu qu'Henry VII avait gouverné l'Angleterre comme Louis XI avait gouverné la France; avec moins de rigueur, sans doute, mais avec les mêmes vues d'intérêt et de politique. Ce prince néanmoins est placé au rang des plus grands rois qui aient porté la couronne d'Angleterre.

HENRY VIII,

DEUXIÈME ROI TUDOR,

de 1509 à 1517.

1509

Henry VIII, fils de Henry VII lui succéda sur le trône d'Angleterre. Jeune, doué des qualités les plus aimables, ce prince donna d'abord l'espoir d'un règne fortuné; mais les préventions favorables qu'il avait fait naître ne furent pas long-temps justifiées.

1509*

Henry épousa Catherine d'Aragon (a). Cette princesse plus âgée que lui était veuve de son frère Arthur, et la politique plus que l'inclination eut part à ce mariage.

1513

GUERRE CONTRE LA FRANCE, BATAILLE DE GUINÉGATE.

Henry VIII, voulant renouveler les anciennes

(a) Voyez le médaillon d'Henry VIII en 1509* — Un symbole placé dans le médaillon de chaque reine épouse d'Henry VIII indique la manière dont fut terminé ou son règne ou son existence. *La couronne renversée* désigne ici que la reine fut *répudiée. La hache, le sablier* auront dans ces médaillons leur signification ordinaire *exécution, mort naturelle.*

prétentions de l'Angleterre sur le royaume de France, demande à Louis XII la restitution de ses provinces. Cette demande était une déclaration de guerre, elle eut lieu en effet.

Henry, uni à l'empereur Maximilien, débarque en France et remporte UNE VICTOIRE COMPLÈTE à GUINÉGATE; cette bataille fut appelée la journée DES ÉPERONS parceque les Français, obligés de fuir, firent plus d'usage, dit-on, des éperons que des épées.

Cette victoire fut suivie de la prise de Terouane et de Tournay.

1514

TRAITÉ AVEC LOUIS XII.

Henry, abandonné par l'empereur Maximilien, traite avec le roi de France; une des conditions du traité fut le mariage de Louis XII avec Marie sœur du monarque anglais.

1514* (*)

GUERRE CONTRE L'ÉCOSSE, BATAILLE DE FLODENN.

Jacques IV roi d'Écosse, ayant tenté une expédition contre l'Angleterre était entré dans le

---

(a) L'espace étroit d'un médaillon ne pouvant contenir tous les événements remarquables du règne d'Henry VIII, il a fallu pour y suppléer eu désigner souvent plusieurs dans le même article.

Cette observation est la même pour plusieurs règnes importants ou le texte a dû suppléer également à l'insuffisance des médaillons.

Northumberland. Le comte de Surrey à la tête de l'armée anglaise marche contre les Écossais. Il est VAINQUEUR A LA BATAILLE DE FLODENN OU JACQUES PERDIT LA VIE.

Henry aurait pu subjuguer l'Écosse; mais plus magnanime qu'ambitieux, il accorda la paix à sa sœur Marguerite, épouse de Jacques IV.

Ce traité rendit pour quelque temps la tranquillité à l'Angleterre; mais la guerre ayant éclaté entre François Ier, roi de France et Charles-Quint, roi d'Espagne; Henry VIII devint tour à tour l'allié de ces deux princes. Entièrement dirigé par le cardinal Wolsey, son ministre et son favori, le roi embrassait successivement tous les partis où Wolsey trouvait quelques avantages pour lui-même.

Des guerres de religion vinrent encore troubler l'état; Martin Luther devint le chef d'une secte nouvelle et attaqua ouvertement l'église romaine et l'autorité du pape.

Henry d'abord s'opposa à Luther par ses écrits, et reçut le titre de DÉFENSEUR DE LA FOI, ce qui ne l'empêcha pas de devenir quelque temps après le plus terrible adversaire de la cour de Rome.

1532

ANNE DE BOULEN.

Depuis dix huit ans Henry était l'époux de Catherine d'Aragon, lorsqu'il conçut une violente passion pour Anne de Boulen, une des filles d'honneur de la reine, remarquable par son esprit et sa beauté.

Le roi demande le divorce sous prétexte que sa conscience lui reproche d'avoir vécu si long-temps avec la femme de son frère. Le pape Clément VII hésite pour répondre, Wolsey lui même n'ose se prononcer; son hésitation est considérée comme un blâme, et ce ministre comblé naguères de grâces, de bienfaits, de dignités est exilé à jamais de la cour et privé de ses emplois. ses immenses richesses sont confisquées au profit de la couronne. Le chagrin que lui causa sa disgrace le conduisit bientôt après au tombeau.

Cranmer, homme de grand talent, remplaça près du roi le ministre qu'il avait sacrifié; Henry n'étant retenu par aucun frein ne garda plus de mesures avec le pape, et épousa secrètement Anne de Boulen. Peu de temps après il déclara ouvertement son mariage.

1534

Un nouveau pape, Paul III prononce contre le roi une sentence d'excommunication, et déclare illégitimes tous les enfants qu'il pourrait avoir d'Anne de Boulen.

Henry séparé de l'église, n'adoptait encore le système d'aucun réformateur.

1534*

PERSÉCUTION CONTRE LES LUTHÉRIENS ET LES CATHOLIQUES.

Furieux de l'excommunication lancée contre lui, Henry refuse de payer le tribut annuel à la cour de Rome. Il ordonne la suppression de tous les monastères; ses opinions religieuses sont consignées dans une loi que ses horribles conséquences firent nommer *statut de sang*. On voit commencer alors la plus horrible persécution. LES BUCHERS SONT ALLUMÉS; CATHOLIQUES, LUTHÉRIENS y sont précipités indistinctement, et deviennent victimes tour à tour de la vengeance du monarque.

1534**

Henry voulant ANÉANTIR L'AUTORITÉ DU PAPE en Angleterre se fait déclarer lui même chef de l'église anglicane, et persécute avec fureur tous ceux qui s'opposent à ce changement.

1537

JEANNE SEYMOUR.

Après avoir tout sacrifié pour Anne de Boulen, Henry est entraîné par une nouvelle passion; Lady Jeanne Seymour en était l'objet.

La reine faussement accusée d'infidélité est condamnée à perdre la tête sur l'échafaud. Deux jours après l'exécution de cette sentence barbare, Henry devint l'époux de Lady JEANNE.

Il avait eu d'Anne de Boulen une seule fille, *Élisabeth*, depuis reine d'Angleterre.

1541

ANNE DE CLÈVES.

Jeanne Seymour était morte en couches. Henry voulant affermir son alliance avec les princes d'Allemagne, demande la main d'Anne de Clèves, fille du duc de ce nom et la plus belle personne de son temps. Mais à peine l'a-t-il obtenue, que son inconstance naturelle le porte vers un nouvel objet. Au bout dé six mois ANNE DE CLÈVES EST RÉPUDIÉE.

1541*

CATHERINE HOWARD.

Le roi n'a pas plus tôt rompu ses nœuds avec Anne de Clèves, qu'il en forma de nouveaux. CATHERINE HOWARD nièce du duc de Norfolk devient SA CINQUIÈME FEMME.

Le duc était l'ennemi de Cromwell, premier ministre du roi; il profite de l'élévation de sa nièce, pour perdre ce favori. Accusé de haute trahison et d'hérésie, Cromvell meurt sur l'échafaud.

De tous les favoris du roi, Cranmer lui restait seul, et conservait assez de force et de courage pour oser quelquefois lui résister.

Henry croyait enfin avoir trouvé le bonheur dans ses nouveaux liens, lorsque tout à coup la reine est accusée des plus honteux désordres. Implacable et jaloux, il la livre aussitôt à la justice du parlement et L'ARRÊT DE MORT est prononcé.

Lady Rochefort fut exécutée en même temps, comme confidente et complice des amours criminels de la reine.

1543

Henry prend pour sa SIXIÈME ET DERNIÈRE FEMME CATHERINE PARR, veuve du Baron Latimer. Unissant beaucoup de vertus a beaucoup de prudence, la nouvelle reine sut fixer enfin l'esprit inquiet et capricieux de l'inconstant monarque.

Vers cette époque éclata en même temps la guerre contre l'Écosse et contre la France.

Henry était devenu l'allié de Charles-Quint après avoir été son ennemi, ils perdirent ensemble la bataille de Cerisoles contre François Iᵉʳ.

1544

NOUVELLES PERSÉCUTIONS.

Les guerres étrangères n'empêchaient point les persécutions dans l'intérieur du royaume; elles frappaient toujours indistinctement et les catholiques et les luthériens.

Des maux phisiques vinrent ajouter encore à la cruauté naturelle du tyran. Inspirant la terreur à tout ce qui l'approchait, il suffisait d'exprimer un sentiment contraire au sien, ou d'apporter quelqu'obstacle à ses innovations religieuses, pour être impitoyablement sacrifié. LES BUCHERS, les échafauds recevaient chaque jour de nouvelles VICTIMES que rien ne pouvait soustraire à cette affreuse tyrannie. L'amitié, la reconnaissance étaient de vains titres aux yeux de ce monstre sanguinaire; semblable à un tigre enchaîné, il était dans une rage continuelle, faisant ainsi son propre tourment, et se rendant l'effroi de ses sujets.

1547

MORT DU ROI.

Henry âgé de cinquante-six ans termine enfin son odieuse carrière. Arrivé à cette heure suprême, ses angoisses et ses remords semblèrent égaler ses crimes.

Par son testament, la couronne devait appartenir après lui au jeune prince *Édouard*, né de Jeanne Seymour; au défaut de ce prince à *Marie*, fille de Catherine d'Aragon et enfin à *Élisabeth* fille d'Anne de Boulen : tous trois régnèrent successivement.

ÉDOUARD VI,

TROISIÈME ROI TUDOR.

de 1547 à 1553.

1547

Édouard VI, fils d'Henry VIII et de Jeanne Seymour, lui succéda et n'avait que dix ans lorsqu'il parvint au trône.

1547*

Régence d'Édouard Seymour comte d'Herefort depuis duc de Sommerset.

Le régent, oncle du jeune prince, devait présider un conseil de seize personnes désignées par le feu roi, pour gouverner l'état pendant la minorité d'Édouard VI.

1547**

GUERRE CONTRE L'ÉCOSSE, BATAILLE DE PINKEI.

Le régent voulait faire épouser à Édouard la jeune reine d'Écosse, fille de Jacques V, (*Marie Stuart*). Les négociations ayant échoué, il eut recours aux armes et REMPORTA UNE VICTOIRE COMPLÈTE sur les Écossais à la journée de Pinkei. Mais loin d'obtenir le succès qu'il en attendait, cette guerre devint un nouvel obstacle à l'union projetée, et le régent fut contraint d'y renoncer entièrement.

1548

ÉTABLISSEMENT DE LA RÉFORME, OU RELIGION PROTESTANTE.

Grand partisan des nouvelles doctrines, le régent en favorisa les progrès de tout son pouvoir, et fut secondé par l'archevêque de Cantorbéry, Cranmer; bientôt la messe fut abolie, LES SIGNES EXTÉRIEURS DE LA RELIGION SUPPRIMÉS, et le mariage des prêtres permis ; enfin la réforme telle qu'on la suit aujourd'hui, fut presque entièrement établie en Angleterre.

Ces innovations approuvées des uns et blâmées des autres, excitèrent quelques troubles dans le royaume.

1548*

GUERRE CONTRE LA FRANCE.

Henry II, roi de France, venait de succéder à son père François Ier; il profite du désordre que causait en Angleterre les guerres de religion, et envoie une armée nombreuse en Écosse; les Anglais BATTUS dans cette derrière campagne, perdent tous les avantages que leur avait acquis leur dernière victoire. La jeune reine d'Écosse, *Marie Stuart*, fut emmenée en France, où quelques années après elle devint l'épouse du dauphin, depuis *François II*.

Les Français vainqueurs en Écosse, venaient

encore de reprendre Boulogne aux Anglais, lorsque la paix vint suspendre les hostilités entre les trois puissances de France, d'Écosse et d'Angleterre.

1552

CONJURATION, CONTRE LE RÉGENT.

Le régent, duc de Sommerset, jouissait d'une grande considération dans le royaume; ce qui lui attirait des envieux et des ennemis; le plus dangereux de tous était Dudley comte de Warwick, l'un des ministres qui composaient le conseil. Cet homme artificieux et d'une ambition démesurée voulant parvenir à la première place, tente de renverser le régent et forme contre lui un parti redoutable.

1552*

LE RÉGENT PRISONNIER.

Sommerset que l'on voulait trouver coupable est accusé d'avoir tenté de s'emparer du gouvernement. Il est envoyé A LA TOUR, peu de temps après la liberté lui fut rendue, mais pour la reperdre, bientôt encore.

1552**

EXÉCUTION DU RÉGENT etc.

Le comte de Warwick, devenu duc de Northumberland, poursuivait toujours le régent avec la même fureur. Il trame de nouveaux complots contre lui, suppose de nouvelles accusations. Le régent arrêté est conduit encore une fois à la tour. Déclaré coupable, il est exécuté ainsi que PLU-SIEURS DE SES PARTISANS.

Sommerset mourut avec courage, en protestant de son innocence; il apaisa le peuple qui voulait le venger, l'exhortant à respecter les lois et à ne point troubler ses derniers moments par d'inutiles murmures.

1552 ***

NORTHUMBERLAND PREMIER MINISTRE.

Après la mort de Sommerset, Northumberland gouverne l'état; la faiblesse d'un roi de seize ans, semble favoriser ses projets ambitieux; il aspire au pouvoir suprême, et sous le titre de premier MINISTRE, il s'empare en effet de l'autorité.

Northumberland usa de son influence sur le jeune monarque pour lui persuader d'exclure du trône ses deux sœurs, *Marie* et *Élisabeth*, que l'ordre de succession y appelaient après lui, et l'engagea à désigner Lady *Jeanne Gray*, fille de la marquise de Dorcet, nièce d'Henry VIII. Ces dispositions furent adoptées par le conseil malgré toute l'opposition qu'elles y trouvèrent; peu de temps après, Lady Jeanne devint l'épouse de lord Guilford Dudley, le quatrième fils de Northumberland.

1553

MORT DU ROI.

Édouard, atteint de la consomption, termine sa

languissante vie. Ses vertus, son application à l'é-
tude et aux affaires, donnaient les plus belles espérances, et firent regretter qu'un plus long règne
ne lui ait pas permis de les réaliser.

MARIE,

DE LA BRANCHE DE TUDOR.

QUATRIÈME DU NOM.

de 1553 à 1558.

1553

Marie, fille d'Henry VIII et de Catherine d'Aragon devait, d'après le testament de son père, succéder à son frère Édouard VI; mais par les dispositions du dernier roi, la couronne appartenait à Jeanne Gray, belle-fille de Northumberland, et les prétentions des deux reines divisèrent bientôt le royaume.

1553*

JEANNE GRAY REÇOIT ET PERD LA COURONNE.

Agée de seize ans, comblée de tous les dons de la nature, Jeanne unissait le plus rare mérite aux grâces les plus séduisantes; elle ne vit qu'avec douleur le rang auquel on voulait l'élever et n'accepta la couronne que pour obéir à son père et à son époux.

LADY JEANNE EST PROCLAMÉE REINE. Mais Marie ayant opposé au parti qui la soutenait une armée beaucoup plus nombreuse que la sienne, elle est contrainte D'ABDIQUER LA ROYAUTÉ dónt elle n'avait joui que dix jours.

Northumberland, trompé dans toutes ses espérances, voulut en vain se soustraire au châtiment par la fuite, il fut arrêté et condamné à perdre la tête sur l'échafaud. Le même jugement
fut prononcé contre Jeanne Gray et son époux;
mais cet arrêt ne fut pas exécuté pour le moment.

1553**

ENTRÉE DE MARIE A LONDRES.

Marie avait été élevée dans la religion catholique; mais en réclamant la couronne, elle avait
promis de ne rien changer aux lois de son frère
Édouard; cette promesse qui lui gagna tous les
cœurs, contribua plus que ses armes à faire triompher son parti; elle fut donc proclamée reine et
FIT SON ENTRÉE à LONDRES aux acclamations de tout
le peuple.

1554

MARIE sur le trône, oublie ses promesses et
donne tous ses soins au RÉTABLISSEMENT DE LA
RELIGION CATHOLIQUE. Elle demande pour légat le
cardinal Sole, se réconcilie avec l'église romaine et envoie une ambassade à Rome. En peu
de temps la religion catholique fut en quelque
sorte la seule tolérée en Angleterre.

1554*

MARIAGE DE LA REINE.

Plusieurs princes aspiraient à la main de Marie,
elle ÉPOUSE PHILIPPE, depuis ROI D'ESPAGNE, fils de

l'empereur Charles-Quint. Le peuple anglais vit avec peine cette union avec un prince étranger; des murmures éclatèrent bientôt; à la tête des mécontents était sir Thomas Wyat, qui ayant excité une révolte fut pris et exécuté aussitôt.

1554**

EXÉCUTION DE JEANNE GRAY ET DE SON ÉPOUX.

Lady Jeanne est injustement accusée d'avoir pris part à la révolte, ainsi que Lord Dudley son époux; arrêtés l'un et l'autre, ce couple infortuné est condamné à perdre la tête sur l'échafaud.

1555

Charles Quint abdique la couronne d'Espagne et la cède à Philippe son fils, époux de la reine d'Angleterre.

L'année suivante il renonce à l'empire en faveur de son frère Ferdinand.

Cet homme célèbre après avoir rempli l'univers de son nom, se retira dans un couvent d'Estramadure où plus d'une fois, dit-on, il regretta les deux couronnes dont il s'était dépouillé volontairement.

1556*

PERSÉCUTION DES PROTESTANTS.

Marie loin d'employer les voies de la douceur pour établir sa religion, persécute tous ceux qui refusent d'adopter sa croyance. DEUX CENT SOIXANTE-SIX PERSONNES SONT LIVRÉES AUX FLAMMES. De ce nombre est Cranmer archevêque de Cantorbéry. D'autres perdent leurs biens et leur liberté. Politique absurde autant que barbare; ce n'est point par des supplices que l'on persuade les esprits et que l'on gagne les cœurs.

1557

GUERRE CONTRE LA FRANCE.
BATAILLE DE St-QUENTIN.

Marie, de concert avec son époux, Philippe II roi d'Espagne, déclare la guerre à la France; les Anglais pénètrent en Picardie, et SONT VAINQUEURS à Saint-QUENTIN; cette bataille coûta la vie à un grand nombre de Français, et la liberté à plusieurs de leurs princes. La France après ce revers se trouva exposée aux plus grands périls.

1558

SIÉGE DE CALAIS.

Un héros français le duc de Guise, accourt du fond de l'Italie, et par sa valeur ranime les soldats et délivre sa patrie. IL ASSIÉGE CALAIS, ET en moins de huit jours, il a REPRIS UNE PLACE qui avait coûté onze mois de siége à Édouard III, et que les Anglais possédaient depuis deux cents ans.

Cette perte excita des murmures dans tout le royaume, et causa à la reine un tel désespoir, que souvent elle disait qu'après sa mort on trouverait le nom de *Calais* gravé sur son cœur.

La perte de cette ville fut suivie pour les Anglais des plus grands désastres.

1558*

SUITE DE LA GUERRE CONTRE LA FRANCE.
BATAILLE DE GRAVELINES.

Le comte d'Egmond vainqueur à Saint-Quentin remporte une nouvelle VICTOIRE A GRAVELINES, ce fut le dernier avantage des Anglais dans cette campagne. Bientôt ils furent entièrement chassés de France.

La jeune reine d'Écosse, *Marie Stuart* venait d'épouser le dauphin de France fils d'Henry II; cette alliance en resserrant l'union des deux puissances, devint un nouveau sujet d'inquiétude, pour l'Angleterre.

1558 **

MORT DE LA REINE.

Le chagrin, d'une guerre désastreuse, les mépris d'un époux, les murmures du peuple, tout semble se réunir pour accabler Marie. Sa santé s'altère, son humeur en devient plus sombre et son esprit plus superstitieux. Atteinte enfin de la consomption, elle expire emportant au tombeau la haine de ses sujets, et la douleur de savoir qu'Élisabeth qu'elle détestait devait lui succéder.

ÉLISABETH,

DE LA BRANCHE DE TUDOR.

CINQUIÈME DU NOM.

de 1558 à 1603.

1558

Élisabeth, fille d'Henry VIII et d'Anne de Boulen, monte sur le trône d'Angleterre, d'après l'ordre de succession établi par Henry VIII et confirmé par le parlement. La joie du peuple fut extrême à son évènement. En but aux persécutions de Marie, ayant couru sous son règne les plus grands dangers, elle passa en quelque sorte de la prison sur le trône.

Nul ne posséda mieux qu'Élisabeth le grand art de régner. Politique habile, pleine de génie, d'instruction et de courage, elle déploya bientôt sur le trône les talents supérieurs qui devaient la placer au rang des plus grands rois.

Philippe II l'avait protégée contre Marie. Un de ses premiers soins fut d'envoyer à ce prince un ambassadeur. Philippe espérant régner encore sur l'Angleterre, répondit à ces témoignages de reconnaissance, par l'offre de sa main; mais l'adroite princesse éluda une proposition aussi contraire à ses goûts qu'au vœu des Anglais, c'est ainsi que dans la suite elle sut toujours éloigner avec art les prétentions des princes qui recherchèrent son alliance.

1559

TRAITÉ DE CATEAU-CAMBRESIS.

Tous les souverains briguaient à l'envi l'amitié d'Élisabeth. Henry II, roi de France entra en négociation avec elle.

Calais était un des principaux articles du traité. La reine ne pouvait recouvrer cette place, elle ne pouvait non plus se résigner à la céder pour toujours. Il fut donc décidé par le traité de Cateau-Cambresis, que Calais serait abandonné pour huit ans au roi de France qui devait au bout de ce temps, ou le rendre ou payer cinq cent mille écus. Pourvu toutefois que l'Angleterre ne rompit la paix, ni avec la France ni avec l'Écosse. Élisabeth sauva ainsi les apparences, et c'était beaucoup pour elle.

1559*

RÉTABLISSEMENT DE LA RÉFORME
LE CULTE ROMAIN ABOLI.

Élisabeth avait notifié au pape Paul IV son avènement à la couronne. Le pontife indigné qu'elle eût osé prendre le titre de reine sans sa participation, l'avait menacée de ses foudres si elle ne renonçait pas à ses prétentions au trône.

L'habile princesse, profite bientôt de l'avantage que lui donnait une insulte que la nation entière avait ressentie, elle se détermine à suivre le projet qu'elle avait reçu secrètement de RÉTABLIR LA RELIGION PROTESTANTE; le parlement sanctionne, par son adhésion, l'exécution de ce projet, et couronne l'ouvrage en assurant à la reine la suprématie et en lui donnant avec le titre de gouvernante, l'autorité spirituelle que son père et son frère avaient exercée.

1560

TRAITÉ D'ÉDIMBOURG.

Marie Stuart reine d'Écosse, était devenue (comme on l'a dit) l'épouse de François, dauphin de France; cette princesse regardant comme illégitime la naissance d'Élisabeth, prétendait elle-même à la couronne, et avait pris le titre de reine d'Angleterre. Élisabeth pour soutenir ses droits contre Marie, venait de porter la guerre en Écosse lorsque le TRAITÉ D'ÉDIMBOURG conclu entre LES DEUX REINES, vint tout-à-coup suspendre les hostilités.

D'après ce traité, Marie Stuart et le prince son époux devaient renoncer au trône d'Angleterre et s'obliger à ne faire ni la paix ni la guerre sans l'aveu du parlement.

1568

CAPTIVITÉ DE MARIE STUART.

Après la mort de François II (époux de Marie Stuart), sa mère Catherine de Médicis avait pris les rênes du gouvernement comme régente du jeune roi de France. Attribuant à Marie les dégoûts qu'elle avait essuyés sous le règne de son fils, elle l'en accabla à son tour, et la jeune reine pour se soustraire à son ressentiment fut contrainte d'abandonner la France qu'elle aimait, pour retourner dans un royaume où tout respirait encore la barbarie.

Née dans la religion catholique, elle fut bientôt en but aux outrages du fanatisme. Les Écossais enthousiastes des nouvelles doctrines n'attendaient qu'un prétexte pour élever contre leur souveraine une séditieuse clameur. L'occasion s'en présenta bientôt et Marie par sa faiblesse et par de grandes fautes se livra, pour ainsi dire, à la haine féroce de ses ennemis.

Veuve, à peine âgée de vingt ans et ornée de toutes les grâces, elle avait épousé à son retour de France le Lord Henry Darnley, son cousin. Ce nouvel époux perdit bientôt son estime et son amour. Pour se venger de la froideur de la reine, Darnley fit poignarder à ses yeux Rizzio, musicien piémontais soupçonné d'être son amant.

Peu de temps après, Darnley périt lui-même victime d'une explosion qui fit sauter la maison qu'il habitait. Les soupçons se portèrent sur la reine et plus encore sur Bothwel son nouveau favori; cet homme l'objet du mépris général accusé d'avoir trempé ses mains dans le sang de l'infor-

tuné Darnley, enleva Marie Stuart, et bientôt
après devint son époux.

Cette dernière alliance fut fatale à Marie. Le peuple justement indigné, se révolta contre elle; enfermée au château de Lochlevin, elle parvint à s'évader et fut contrainte de chercher un asile en Angleterre.

Élisabeth cédant à des considérations politiques, mais moins peut-être qu'au motif secret d'une basse jalousie, crut devoir s'assurer d'une rivale dangereuse, et Marie privée déjà de sa couronne PERDIT ENCORE SA LIBERTÉ.

Jamais la reine d'Écosse ne se montra plus digne de respect et d'amour que dans sa captivité. Ses malheurs semblaient ajouter aux charmes de son esprit et de sa personne; on n'eut jamais plus de résignation, plus de grandeur d'âme et de courage !

En se rendant coupable d'une cruelle injustice, Élisabeth s'exposait à des complots inévitables. Les cours étrangères, les Anglais eux-mêmes conspiraient souvent pour rendre Marie à la liberté, mais ce fut vainement; l'infortunée princesse voyait en même temps naître et s'évanouir ses espérances et conservait tout son malheur.

1585

**PREMIÈRE EXPÉDITION EN AMÉRIQUE
PRISE DE L'ILE DE St. DOMINGUE.**

Elisabeth occupée des soins du gouvernement,

cherchait en même temps à étendre au loin sa domination. Le fameux *Drake* marin célèbre ayant fait par ses ordres le tour du globe était revenu chargé de richesses.

Élevé au grade d'amiral, Drake s'empara de Saint-Domingue, de Carthagènes, etc; enfin le goût des expéditions maritimes s'animant de jour en jour davantage, l'Angleterre apprit que l'Océan était le véritable théâtre de ses conquêtes; elle jeta dèslors les fondements de sa grandeur.

1587

EXÉCUTION DE MARIE STUART.

Depuis dix-neuf ans la reine d'Écosse gémissait dans la captivité et la haine d'Elisabeth n'était point encore assouvie; la malheureuse princesse impatiente de briser des fers qu'elle portait injustement depuis tant d'années, entra dans un complot formé pour sa délivrance. Ce complot fut découvert, Bobington gentilhomme écossais qui en était le chef fut pris et condamné ainsi que plusieurs de ses complices. Ce n'était point assez pour Élisabeth, il fallait perdre la reine elle-même:

Bientôt en effet une commission est nommée pour juger la fille de Jacques V, cette Marie *reine d'Écosse et douairière de France!* Elle refuse en vain de reconnaître un tribunal qui n'a sur elle d'autres droits que la force, en vain elle réclame la protection des lois, toutes ses demandes sont rejetées, l'arrêt de mort est prononcé.

Élisabeth habile dans l'art de feindre parut s'attendrir sur le sort de sa victime, elle convoqua le parlement pour paraître n'agir qu'au gré de la nation; mais le parlement eut bientôt confirmé la sentence qu'une reine cruelle avait hâtée de ses vœux.

Les puissances étrangères réunirent vainement leurs efforts pour en prévenir l'exécution. Ni les menaces du pape, ni les sollicitations d'Henry III roi de France et celles plus pressantes encore du jeune roi d'Écosse qui implorait la grâce de sa mère, rien enfin ne put ébranler la résolution d'Élisabeth.

Des commissaires et des exécuteurs sont envoyés au château de Fotheringay où Marie était enfermée, et la malheureuse princesse reçoit l'ordre de se préparer à la mort. Calme, résignée, elle se soumet sans murmure ET MARCHE AVEC COURAGE A L'ÉCHAFAUD. Sa beauté quoique flétrie par l'affliction, brillait encore dans ce fatal instant. Objet à la fois de pitié et d'admiration, elle périt en protestant de son innocence et pardonnant à ses bourreaux.

La douleur qu'affecta Élisabeth en apprenant l'exécution de Marie ne trompa personne, c'était joindre l'hypocrisie à la cruauté, et son siècle ni la postérité n'ont pu lui pardonner une action aussi injuste que barbare.

1588

FLOTTE INVINCIBLE.

Philippe II; méditait depuis long-temps la ruine de l'Angleterre : maître du Portugal, possesseur d'immenses trésors que lui avait acquis le commerce des Indes dont il s'était emparé, il espérait qu'une nouvelle conquête lui serait également facile.

Toutes les parties de son vaste empire avait retenti du bruit de ses armements, et cent trente vaisseaux, plus grands qu'aucun de ceux qu'on avait vus jusqu'alors en Espagne, composèrent enfin CETTE FLOTTE qu'on nomma INVINCIBLE.

La marine anglaise n'avait à opposer que trente vaisseaux de guerre, faible secours contre les forces espagnoles; l'effroi était dans tous les cœurs. Élisabeth seule, supérieure au danger qui la menace, conserve l'espérance et ranime le courage de la nation, elle jure qu'elle mourra plutôt que de voir son peuple asservi au joug de l'étranger. *Je n'ai que le bras d'une femme*, dit-elle, *mais j'ai le cœur d'un roi et qui plus est d'un roi d'Angleterre.* Tout s'anime à sa voix, elle exhorte les troupes, enflamme l'ardeur des soldats qui, pleins de confiance en leur souveraine, attendent sans crainte cet ennemi *invincible*.

En sortant de Lisbonne, LA FLOTTE ESPAGNOLE essuya UNE VIOLENTE tempête QUI FIT COULER A FOND

PLUSIEURS DE SES NAVIRES, et contraignit le reste
à regagner le port. On répara quelques vaisseaux
à la hâte, et les deux flottes se trouvèrent enfin en
présence. Les Anglais commandés par les marins
les plus habiles, DRAKE, HOWKINS, et FROBISHER,
opposèrent des talents supérieurs à des forces immenses et sortirent VAINQUEURS du combat (a); une
seconde tempête ayant dispersé le reste de cette
flotte, prétendue *invincible*, elle rentra en Espagne dans l'état le plus déplorable.

Philippe à la nouvelle de ce désastre dit avec
tranquillité « J'avais envoyé une flotte pour com-
« battre les Anglais et non les éléments. Dieu soit
« loué. »

1589 etc.

GUERRE AVEC LA FRANCE.
ÉLISABETH ALLIÉE D'HENRY IV.

Henry IV, un des plus grands rois qu'ait eu la
France devait succéder à Henry III, assassiné
par un moine dominicain; mais ce prince élevé
dans le calvinisme trouva une forte opposition
au droit incontestable qu'il avait à la couronne.
Obligé de combattre des sujets rebelles, il sollicita
les secours de l'Angleterre.

Le roi d'Espagne dans l'espoir de démembrer

(a) Voyez le médaillon d'Élisabeth — Des vaisseaux prêts à s'en-
gloutir indiquent les désastres de la flotte espagnole. Les vaisseaux
droits indiquent les avantages de la marine anglaise.

la France, favorisait les *ligueurs*, (c'était le nom du parti opposé au roi de France). Dans cette circonstance la reine d'Angleterre crut qu'il était de sa politique d'accéder à la demande d'Henry, elle unit donc ses armes aux siennes et donna le commandement de ses troupes au *comte d'Essex*, jeune homme plein d'esprit, de bravoure, et qui jouissait près d'elle d'une grande faveur.

Quelque temps après cette alliance, Henry ayant abjuré le calvinisme, traita avec les ligueurs et avec l'Espagne; mais Élisabeth continua la guerre pour son propre compte avec cette dernière puissance.

1596

GUERRE D'ESPAGNE.
SIÉGE ET PRISE DE CADIX.

Les hostilités continuaient entre l'Angleterre et l'Espagne, Élisabeth envoye contre Philippe II, sa flotte et son armée. Le comte d'Essex accompagné du lord Effingham, attaque et bat les Espagnols jusques dans la rade de CADIX; CETTE VILLE EST PRISE et pillée, quelque temps après elle fut rendue aux Espagnols.

Le comte d'Essex qui s'était couvert de gloire dans cette expédition, fut accusé néanmoins de n'avoir pas tirer un assez grand avantage de la prise de Cadix.

1601

RÉVOLTE ET EXÉCUTION DU COMTE D'ESSEX.

L'Irlande réunie à l'Angleterre, depuis 1172 portaient impatiemment le joug de ses nouveaux maîtres, et leva l'étendard de la révolte. Le comte de Tyronne était à la tête des rebelles, ESSEX FAVORI D'ÉLISABETH, ambitionne la gloire de soumettre les Irlandais, mais avec des forces considérables, il échoue dans cette entreprise, abandonne son poste et repasse en Angleterre.

Une prompte disgrace suivit cet imprudent retour; avec plus de modération, Essex sans doute eût obtenu le pardon de la reine; mais vif, impétueux, désespéré, il conspire, se révolte, on le saisit et il est mis en jugement.

Après beaucoup d'hésitation, Élisabeth signe enfin l'arrêt fatal, qui condamne ce favori qu'elle aime encore, et le COMTE EST EXÉCUTÉ DANS LA TOUR. En perdant Essex, Élisabeth perdit tout ce qui l'attachait à la vie. Depuis ce jour elle ne goûta plus un instant de bonheur, et l'on voyait une profonde mélancolie la conduire insensiblement au tombeau.

*

ÉTAT FLORISSANT DE L'ANGLETERRE
SOUS LE RÈGNE D'ÉLISABETH.

Ce règne glorieux est l'époque la plus remarquable de l'histoire d'Angleterre par les progrès en tous genres que fit la nation. Élisabeth, assez puissante pour se faire redouter de ses ennemis, sut maintenir LA PAIX dans le royaume. L'activité, la sagesse de son gouvernement, éloignèrent toute étincelle de révolte et de guerre civile. LE COMMERCE fleurit dans l'intérieur, LA MARINE en se perfectionnant, préparait au-dehors de nouvelles conquêtes, LES SCIENCES, LA LITTÉRATURE ET LES ARTS, encouragés par une souveraine qui les cultivait elle-même avec succès, firent des progrès rapides. Sir Walter Raleigh et Hooker se rendirent célèbres en polissant les premiers la langue anglaise : on vit Shakespear, Spenser, le philosophe Bacon s'illustrer par d'immortelles productions. Enfin l'histoire des empires n'offre point d'exemple d'un peuple qui, à peine sorti de la barbarie, ait acquis en si peu d'années tant de lumières, de sagesse et de gloire. Cette époque de la monarchie anglaise fut comparée au siècle brillant d'Auguste.

1603

MORT D'ÉLISABETH.

La reine toujours languisante depuis la mort du comte d'ESSEX, voyait avec peine le roi d'Ecosse, Jacques VI. fixer les regards des courtisans comme héritier de la couronne : elle succomba enfin au chagrin qui l'accablait ; d'abord elle perdit la voix ; elle tomba ensuite dans un sommeil léthargique, pendant lequel elle expira sans donner aucun signe de souffrance; elle était dans la soixante-dixième année de son âge et dans la quarante-cinquième du règne le plus glorieux dont il soit parlé dans les annales de l'Angleterre. En elle s'éteignit LA BRANCHE DES ROIS TUDOR.

Le caractère d'Élisabeth changea avec les circonstances: quand elle parvint au trône, elle était modérée et craintive; reine, elle devint impérieuse et sévère. Avec beaucoup d'esprit, elle ne put s'apercevoir qu'elle manquait de beauté, et le moyen le plus sûr pour obtenir sa faveur et son estime, était de vanter ses charmes même à l'âge de soixante-cinq ans.

Élisabeth, sans doute, étendit son autorité avec la verge du despotisme, mais malgré sa rigueur et ses fautes, son règne mémorable sera à jamais l'école des ministres et des souverains, et sa mémoire obtiendra toujours des Anglais le sentiment de la reconnaissance.

Elle aimait ses sujets dont elle était chérie, et la confiance qu'elle leur témoignait ajoutait à l'attachement qu'ils avaient pour sa personne.

« Je ne croirai jamais de mon peuple, disait « Élisabeth, ce qu'une mère ne voudrait pas croire « de ses enfants. »

ROIS STUART,

Voyez le tableau N°. 4.

JACQUES Ier,

PREMIER ROI STUART,

de 1603 à 1625.

1603

Jacques VI, roi d'Écosse, fils de l'infortunée Marie Stuart et de Henry Stuart, Lord Darnley, était arrière-petit-fils d'Henry VII. Appelé au trône par sa naissance et par le testament d'Elisabeth, il FUT PROCLAMÉ ROI SOUS LE NOM DE JACQUES Ier.

1603*

JACQUES RÉUNIT LES TROIS COURONNES D'ANGLETERRE, D'ÉCOSSE ET D'IRLANDE.

C'est ainsi que l'ancienne et illustre maison de Stuart forma de TROIS ÉTATS une puissante monarchie qui, depuis cette époque prit le nom de grande Bretagne.

1603**

TRAITÉ AVEC L'ESPAGNE.

Jacques ayant apaisé quelques troubles au

11*

sein du royaume, veut encore assurer la paix au-dehors: il conclut un traité avec l'Espagne et met ainsi un terme à la guerre qu'Élisabeth avait faite long-temps à cette puissance.

*

Jacques, ami de la paix, fut surnommé le roi pacifique. Porté à la tranquillité par son caractère, il avait la guerre en horreur, et l'un des premiers actes publics qu'il fit à son avènement au trône fut pour déclarer qu'il voulait vivre en bonne intelligence avec ses voisins.

· 1603 ***

TRAITÉ AVEC LA FRANCE.

Fidèle à sa maxime, Jacques rechercha l'amitié d'Henry IV roi de France; le duc de Sully, ministre et favori de ce monarque, fut chargé des négociations et conclut un traité qui assura à la Hollande la protection des deux puissances de France et d'Angleterre.

· 1605

CONSPIRATION DES POUDRES.

Jacques, fils d'une mère catholique, avait été élevé dans la religion protestante, et les catholiques romains conservaient l'espoir de trouver en lui un protecteur. Trompés dans leur attente, ils oublient les préceptes de leur religion pour n'écouter que la voix de la vengeance. Ils conspirent en secret.

Trente-six BARILS DE POUDRES, cachés sous la salle du parlement doivent ensevelir dans un même tombeau le roi, la famille royale et les deux chambres du parlement.

Le lord Monteagle est averti par un billet anonyme de ne point se trouver à l'assemblée, *parce qu'on y recevra un coup terrible*: aussitôt il communique cet avis au roi et le complot est découvert.

La plupart des conspirateurs périrent les armes à la main. Ceux qui furent arrêtés reçurent sur l'échafaud la juste punition de leur crime.

1611

SOMMERSET, FAVORI DU ROI.

La fermeté que le roi avait montrée dans la conspiration des poudres, avait donné aux Anglais une haute idée de sa sagesse, mais les faiblesses de ce prince, ridiculement livré à ses favoris, désabusèrent bientôt la nation. Dans cette honteuse élite parut d'abord ROBERT CARR ; une figure charmante, des manières agréables composaient tout le mérite de ce jeune écossais. De si frivoles avantages lui suffirent néanmoins pour parvenir au plus haut degré des honneurs; comblé successivement de toutes les grâces de la cour, il reçut enfin LE TITRE DE COMTE DE SOMMERSET.

Mais ce moment de faveur dura peu; accusé d'avoir, par des motifs particuliers, fait empoisonner sir Thomas OWerbury enfermé à la tour, il encourut l'indignation du monarque et ayant été chassé de la cour, il passa le reste de sa vie dans le mépris qu'il avait mérité.

1617

FUNESTE EXPÉDITION DE RALEIGH.

Au commencement du règne de Jacques Ier. le fameux sir Walter Raleigh, accusé de conspiration contre le roi, avait été condamné à mort; mais ayant obtenu un sursis il resta en prison, où il composa plusieurs bons ouvrages qui sont encore estimés.

Dans l'espoir d'obtenir sa liberté, Raleigh fit proposer au roi de tenter une expédition à la Guiane, dont le résultat devait être la possession d'immenses richesses. Jacques ébloui sans doute par ses promesses, consentit à sa demande et lui confia le commandement d'une FLOTTE. Mais au lieu des trésors qu'il devait rapporter, Raleigh revint avec la honte d'avoir COMPLÉTEMENT ÉCHOUÉ DANS CETTE ENTREPRISE MARITIME.

Sa conduite fut soumise à l'examen d'un conseil privé, et il fut condamné à perdre la tête sur l'échafaud, non pour le punir de cette dernière faute, mais pour avoir trempé dans la conspiration pour laquelle il avait été jugé.

Ce grand homme reçut la mort avec courage; il observa froidement, en voyant le tranchant de la

hache que c'était un remède violent, mais sûr
contre tous les maux.

*

GEORGES VILLIERS, DUC DE BUCKINGHAM.

Jacques toujours livré à ses favoris ne pouvait
en éloigner un sans le remplacer par un autre.
GEORGES VILLIERS avait succédé au comte de
Sommerset et par les mêmes moyens parvint aux
mêmes faveurs. Dans le cours de peu d'années ce
favori fut créé comte, marquis et duc de BUC-
KINGHAM, chevalier de l'ordre de la jarretière, chef
de la justice, intendant de Westminster, gouverneur de Windsor et enfin GRAND AMIRAL D'ANGLE-
TERRE.

C'est ainsi que le roi indisposa la nation anglaise par le peu de ménagements qu'il mit dans
la distribution de ses faveurs.

Buckingham, l'ami, le confident de son maître,
le dirigeait dans toutes ses actions; il seconda le
désir qu'avait le roi de voir son fils Charles uni à
l'infante d'Espagne, et accompagna le jeune prince
dans le voyage romanesque qu'il entreprit pour
voir cette princesse; mais, au moment où le mariage allait se conclure, il fut rompu par les intrigues de Buckingham, irrité contre les Espagnols,
dont il s'était attiré le mépris. Charles épousa
dans la suite, Henriette de France, fille de
Henry IV.

**

Jacques Ier. était le PROTECTEUR DES LETTRES qu'il cultivait lui-même, mais avec plus de goût que de succès; savant avec pédanterie, théologien avec entêtement, il s'enorgueillissait de sa profonde érudition et ne composa que des ouvrages médiocres. Il mettait au premier rang le mérite littéraire, et on lui reproche avec raison d'avoir souvent donné à l'étude un temps que réclamaient les soins du gouvernement.

1620 etc.

TÉLESCOPE.

Sur la fin du seizième siècle on avait imaginé une espèce de TÉLESCOPE. Le savant *Galilée* Florentin profitant de cette découverte, la perfectionna et bientôt par ce moyen connut le cours des astres; dès lors l'analogie entre la terre et les autres planètes fut tellement constatée, qu'à moins de fermer les yeux à la lumière, le mouvement du globe que nous habitons devenait presque indubitable.

Galilée, défenseur du système de Copernic, expliqua donc le mouvement de la terre autour du soleil. Mais, en cherchant à éclairer les hommes, on s'expose souvent aux persécutions de l'ignorance: Galilée l'éprouva; pour prix de ses utiles découvertes, il fut poursuivi par l'inquisition de Rome et condamné à la prison

Torricelli, disciple de Galilée, marcha sur les traces de son maître; il fut l'inventeur DU MICROSCOPE, aussi nécessaire pour connaître la nature que le télescope même.

***

SHAKESPEAR.— BACON.

Le talent de SHAKESPEAR, qui déjà avait brillé sous le règne d'Élisabeth, acheva de se développer sous celui de Jacques Ier: et ce fut à cette époque que ce grand peintre de la nature composa la plupart de ses immortelles productions, tandis que BACON continuait à indiquer la route de la vérité et à classer les richesses acquises de l'esprit humain.

1625

MORT DE JACQUES Ier.

Depuis long-temps affaibli par une fièvre tierce, le roi vit approcher sa mort sans effroi.

Il fit appeler son fils, et l'exhorta à persévérer dans la religion protestante. Il expira ensuite après un règne peu glorieux pour le prince, mais heureux pour le peuple qui, à la faveur d'une longue paix, s'était enrichi par le commerce. On a dit de Jacques Ier. qu'il avait régné en femme, après une femme qui avait régné en homme.

CHARLES Ier,

DEUXIÈME ROI STUART,

de 1625 à 1649.

1625

Charles Ier fils de Jacques Ier lui succéda, et peu de temps après devint l'époux d'Henriette de France, fille d'Henry IV. Ce prince, plein de vertus et de qualités aimables, commença, dans le trouble et l'agitation, un règne infortuné qu'il devait finir sur l'échafaud.

Forcé de lever des impôts considérables, pour continuer la guerre du Palatinat, il trouva une grande opposition dans le parlement, et bientôt le plus vif mécontentement éclata dans la nation entière.

1625*

BUCKINGHAM, MINISTRE.

Charles, héritant des principes de son père, se livra comme lui aux conseils de Buckingham: cet homme, à la fois PREMIER MINISTRE ET GRAND GUERRIER (a), conserva la plus grande influence dans le gouvernement.

(a) Une branche de laurier jointe à une branche de chêne indique que Buckingham ut à la fois *ministre* et *guerrier*. Voyez le médaillon de Charles Ier.

1628

GUERRE AVEC LA FRANCE — SIÉGE DE LA ROCHELLE.

Quoique l'époux d'une princesse française, Charles déclare la guerre à la France, et envoie une flotte au secours DE LA VILLE DE LA ROCHELLE qui, s'étant révoltée (après avoir embrassé la religion protestante), était ASSIÉGÉE par l'armée française. Le duc de Buckingham commandait l'expédition qui devait délivrer la Rochelle, mais cette entreprise fut sans succès : le duc combattit vainement les Français avec ses troupes de débarquement ; vaincu, forcé de fuir, les deux tiers de son armée furent taillés en pièces.

1629

LE DUC DE BUCKINGHAM ASSASSINÉ.

La tranquillité, loin de se rétablir au sein du royaume, était troublée sans cesse par de nouvelles agitations. La levée des droits de *Tonnage* et de *Pondage* (ª) devint le prétexte de nouveaux débats entre le monarque et les communes. Le roi prit alors le parti de dissoudre un parlement qu'il ne pouvait diriger ; il punit même les plus séditieux.

(a) Le droit de *tonnage* était un impôt sur chaque tonneau et le droit de *pondage* en était un autre d'un sou par livre sur toutes les marchandises à l'entrée et à la sortie.

Vers la même époque on tenta une seconde expédition en faveur des Rochellois, elle ne fut pas plus heureuse que la première et la haine pour le duc de Buckingham s'en accrut encore : bientôt après il fut ASSASSINÉ par un Anglais nommé Felton.

Le meurtrier, loin de se soustraire au châtiment, s'accusa lui-même et subit la mort avec un grand courage.

1629*

TRAITÉ AVEC LA FRANCE.

Charles, privé d'un ministre favori dans un moment où il était sans parlement, fit un acte de prudence ; en TRAITANT AVEC LA FRANCE, il termina ainsi une guerre qui n'avait été couronnée d'aucun succès.

Quelques années paisibles suivirent la conclusion de ce traité ; Charles s'appliquait aux soins du gouvernement, le parlement était soumis, le peuple avait cessé de murmurer ; mais cette heureuse tranquillité devait bientôt être troublée encore.

1640

EXÉCUTION DU COMTE DE STAFFORD.

Le maintien de la dignité épiscopale avait causé le plus vif mécontentement en Angleterre, il devint en Écosse le principe d'une violente insurrection : on court aux armes avec fureur ; Charles veut tenter en vain la voie des négociations, mais la guerre était inévitable et il fallait recourir aux impôts pour la soutenir.

Le parlement long-temps dissous fut convoqué de nouveau, (ce fut ce long et fatal parlement qui devait renverser la constitution); au lieu d'accorder les subsides que l'on demandait, la chambre des communes accusa de haute trahison LE COMTE DE STAFFORD premier ministre du roi. Charles, uni au comte par la plus tendre amitié, hésitait et ne pouvait se résoudre à signer son arrêt, lorsque STAFFORD lui-même par un acte de dévouement héroïque, le conjura de le sacrifier comme l'unique moyen de rapprochement entre le peuple et le monarque.

Victime de sa générosité, ce trop fidèle serviteur, REÇUT LA MORT sans se plaindre et montra dans ses derniers moments le courage et la dignité que l'on devait attendre d'un si grand caractère.

Après cette catastrophe, le roi d'Angleterre tremblant sur son trône, voulut apaiser le parlement à force de condescendance, mais la cession de ses prérogatives ne fit qu'enhardir les chefs d'un parti, qui ne tarda pas à manifester son intention secrète de renverser le gouvernement.

1641

MASSACRE DES PROTESTANTS D'IRLANDE.

Profitant des troubles d'Angleterre, les papistes

d'Irlande saisissent cette occasion de secouer le joug. La religion devient le prétexte de la révolte, ET QUARANTE MILLE PROTESTANTS SONT MASSACRÉS avec une horrible barbarie.

Le roi témoigna toute l'horreur que lui causèrent de si grandes atrocités; mais tandis qu'il se disposait à châtier les rebelles, on l'accusa lui-même d'être l'auteur de la révolte, les communes publièrent *une remontrance de l'état du royaume*, qui n'était qu'une satyre violente de toute la conduite du prince. L'esprit républicain faisait chaque jour de nouveaux progrès, et l'on marchait à grands pas au renversement de la monarchie.

1642

GUERRE CIVILE ENTRE LE ROI ET LE PARLEMENT, COMBAT D'EDGE-HILL.

Tout annonçait une rupture éclatante entre le roi et le parlement; la première attaque fut contre l'épiscopat, le plus fort boulevard de l'autorité royale. Treize évêques sont accusés de haute trahison; le roi accuse à son tour les cinq membres les plus populaires de la chambre et se rend lui-même au parlement pour demander qu'ils lui soient livrés; ils avaient fui. Trompé dans son attente, Charles retourne à son palais au milieu des clameurs d'un peuple furieux.

Bientôt on court aux armes, et la nation se

trouve divisée en deux partis, l'un pour le roi, l'autre pour le parlement; le comte de Lindsey eut le commandement des troupes royales et le comte d'Essex celui de l'armée du parlement. LA PREMIÈRE BATAILLE eut lieu à EDGE-HILL. Là on vit trente mille combattants pleins de bravoure tourner leurs armes contre des frères et des amis, et confondre ainsi les sentiments les plus tendres dans une haine générale.

Après un combat de quelques heures, la fatigue fit cesser le carnage et la victoire resta incertaine.

1642 *

SUITE DE LA GUERRE CIVILE,
BATAILLE DE STATTON-HILL.

La guerre se poursuivait avec chaleur; le parlement voyant les forces du roi plus considérables qu'il ne s'y était attendu propose un traité; on négocie, mais aucun des partis ne voulant céder de ses prétentions, les hostilités recommencent bientôt.

On COMBAT A STATTON-HILL, où l'armée royale remporte UNE VICTOIRE COMPLÈTE. Le même succès couronna ses armes dans plusieurs affaires qui suivirent cette bataille, et la guerre civile continua de déchirer les provinces sans terminer la querelle.

1644.

OLIVIER CROMWELL commence à paraître sur

la scène: Né à Hutington, d'une famille ancienne et sans fortune, il vivait ignoré lorsque le hasard ou l'intrigue le firent élire par la ville de Cambridge membre du *long parlement*. A la fois hypocrite et enthousiaste, fougueux et prudent, cet homme extraordinaire s'éleva par degré jusqu'au rang de LIEUTENANT-GÉNÉRAL (a) sous Fairfax, qui n'était son supérieur que de nom et bientôt il sut se rendre maître du parlement et de l'état.

<h3 style="text-align:center">1644*</h3>

BATAILLE DE MARSTON-MOOR.

Les Écossais s'étaient joints aux parlementaires. A la tête de cette armée formidable était Cromwell. Le prince Rupert commandait les royalistes; ces derniers furent COMPLÉTEMENT DÉFAITS A LA BATAILLE DE MARSTON-MOOR.

Charles recueillant à la hâte les débris de son armée se retira dans le Lancashire. (b)

<h3 style="text-align:center">1645</h3>

LA FUNESTE BATAILLE DE NASEBY décida du sort de Charles Iᵉʳ. La victoire disputée des deux côtés, avec une égale valeur resta long-temps incer-

---

(a) Voyez le médaillon de Charles Iᵉʳ. — Deux branches de lauriers placées au bas du médaillon de Cromwell indiquent en effet un *guerrier*, mais pour désigner qu'il fut attaché au parti *rebelle* *deux épées croisées*, symboles de guerre civile, sont jointes aux branches de laurier.

(b) Le comté de Lancastre. Le mot anglais *shire* signifie comté.

taine. Cromwell enfin eut l'avantage et mit en déroute l'armée royale commandée par le roi en personne.

L'artillerie, tous les bagages, tombèrent au pouvoir des rebelles et Charles vit dès ce moment s'évanouir ses dernières espérances; la ruine de son parti fut générale: Cromwell et Fairfax marchant de victoires en victoires soumirent au parlement la plus grande partie des places fortes du royaume.

1646

CAPTIVITÉ DU ROI.

De toutes parts entouré d'ennemis, Charles s'était retiré dans la ville d'Oxford qui, malgré tous ses malheurs était restée attachée à sa personne. Là il apprend que Fairfax s'avance avec une nombreuse armée; la crainte de tomber entre les mains des rebelles, lui fait prendre le parti désespéré de se remettre au pouvoir des Écossais qui jusqu'alors ne lui avait pas témoigné une haine si implacable. Mais abusant de son malheur et trompant sa confiance, les perfides Écossais le vendent au parlement moyennant une somme de quatre cent mille livres sterling.

La captivité du roi mit un terme à la guerre civile, l'infortuné monarque d'abord prisonnier au château d'Holmby fut transféré de prisons en prisons, espérant en vain traiter avec le parlement et recouvrer sa liberté. Mais Cromwell qui, depuis long-temps méditait sa perte, savait rendre infructueuses toutes ses tentatives d'accommodement.

1649

LA ROYAUTÉ ABOLIE, LA RÉPUBLIQUE PROCLAMÉE(a).

L'armée des rebelles, fière de ses succès et connaissant l'étendue de son pouvoir, veut anéantir celui du parlement; et de sa propre autorité crée un parlement militaire. De ce moment la ROYAUTÉ EST ABOLIE ET LE GOUVERNEMENT RÉPUBLICAIN ADOPTÉ. Cromwell qui depuis long-temps prétendait à la souveraine puissance est bientôt investi du pouvoir suprême et proclamé généralissime. Le commandement de la tour est donné à Fairfax.

1649*

JUGEMENT DU ROI.

La perte de Charles était résolue, et Cromwell hâtait cet évènement de tous ses vœux.

Des commisaires sont nommés dans la chambre des communes pour dresser les chefs d'accusation contre lui; sur leur rapport Charles Ier est déclaré coupable de *haute trahison* pour avoir fait la guerre au parlement.

Vainement la chambre des pairs veut s'opposer

(a) (Voyez le médaillons de Charles Ier.)

La couronne renversée indique que le prince est détrôné, le sceptre brisé qui y est joint, que l'autorité royale est abolie et remplacée par le gouvernement républicain, dont le symbole est placé au dessus de la couronne.

à cet acte illégal; la chambre des communes dirigée par Cromwell fait approuver le bill qui ordonne que le roi sera MIS EN JUGEMENT.

Charles proteste en vain contre cette décision, en vain il refuse de reconnaître des juges dans ses sujets; il est conduit à Londres; le malheur empreint sur sa phisionomie vénérable, commande à ses ennemis eux-mêmes et le respect et la pitié.

Traduit trois fois devant la haute cour assemblée dans la salle de Westminster, l'infortuné monarque conserve toute sa dignité et renouvelle les mêmes protestations, mais le tribunal inexorable prononce L'ARRÊT QUI LE CONDAMNE A PERDRE LA VIE.

1649 **

EXÉCUTION DU ROI.

Ayant obtenu un sursis de trois jours entre la sentence et son exécution, Charles, assisté de Juxon, évêque de Londres, employa ses derniers moments dans des exercices de piété; il demanda ensuite ses enfants, leur adressa les plus touchants adieux, en les exhortant à la résignation dont il donnait un si grand exemple.

Le jour fatal étant arrivé, il se revêtit avec plus de soin que de coutume, disant qu'il voulait paraître dignement à une si grande solennité. Son courage ne l'abandonna pas un seul instant; l'échafaud était dressé devant son palais, comme pour accroître la rigueur du supplice, il y marcha avec fermeté, donna lui-même le signal, et sa tête tomba sous LA HACHE DES BOURREAUX.

Après cette sanglante catastrophe la nation consternée laissa éclater son repentir et ses regrets.

Charles à sa mort était âgé de quarante-neuf ans et en avait régné vingt-quatre. Ce prince d'un extérieur agréable portait néanmoins sur sa phisionomie une forte expression de tristesse, que depuis on attribua au pressentiment de son malheur, mais qui sans doute fut produite par les troubles continuels qui agitèrent son âme.

RÉPUBLIQUE.

de 1649 à 1660.

CROMWEL.

1649

Après la mort de Charles Ier, la plus grande fermentation régna en Angleterre. Tous les partis s'agitaient à la fois; chacun formait son plan de république; mais Cromwell fixa toutes ces incertitudes en usant de l'influence qu'il s'était acquise. Plein d'idées bizarres et superstitieuses, possédant néanmoins tous les talents politiques et militaires, il montra d'abord le plus grand zèle pour le parti républicain; mais l'ambition éteignit bientôt en lui les principes d'égalité pour lesquels il avait combattu; après avoir renversé la monarchie, il aspira à l'autorité souveraine et sut y parvenir à force d'adresse et de dissimulation.

Tandis que Cromwell était TOUT PUISSANT EN ANGLETERRE (a), le jeune Charles héritier du trône s'était réfugié en Écosse où il avait été proclamé

(a) Voyez le médaillon de la république. — *Un double cercle réunit* tous les symboles de ce médaillon, au portrait de Cromwel, parcequ'en effet tous les événements de cette époque se rattachent au personnage qui alors gouvernait l'état

roi, après s'être soumis aux conditions dures et humiliantes qui lui avaient été imposées par les Écossais.

1649*

CONQUÊTE DE L'IRLANDE.

Nommé par la république au commandement de l'armée d'Irlande, Cromwell fait la guerre dans ce royaume avec succès et combat à la fois les royalistes et les habitants. N'ayant trouvé qu'une faible résistance, bientôt il envahit L'IR- LANDE ENTIÈRE.

1650

SIÉGE ET PRISE DE DROGHEDA.

Cromwell dans ses conquêtes, montra une férocité capable de ternir les plus grandes actions; LA DÉSOLATION DE DROGHEDA en Irlande rendit son nom redoutable à toutes les villes d'alentour.

CETTE PLACE IMPORTANTE ayant tenté vaine- ment de lui résister succomba enfin et FUT PRISE D'ASSAUT. Plus de quatre mille personnes furent passées au fil de l'épée. Pendant trois jours que dura le pillage, le soldat victorieux eut le pouvoir de satisfaire son avarice et d'assouvir sa cruauté.

Cromwell enfin répandit tellement la terreur et le désespoir dans ce malheureux pays, que qua- rante mille Irlandais s'expatrièrent et passèrent au service des étrangers.

1650*

BATAILLE DE DUNBAR, CONQUÊTE DE L'ÉCOSSE.

A son retour d'Irlande, Cromwell reçut les remerciments de la chambre pour les importants services qu'il avait rendus à la république.

Une guerre nouvelle se préparait contre les Écossais qui avaient proclamé roi, Charles, fils du dernier monarque; Cromwell part pour les combattre à la tête d'une armée de seize mille hommes; la victoire fidèle à ses drapeaux l'accompagne encore dans cette dernière expédition: les deux armées se rencontrent à Dunbar où CROMWELL EST VAINQUEUR DES ÉCOSSAIS bien supérieurs en nombre; la prise d'Édimbourg suit bientôt cette éclatante victoire; Cromwell se rend maître de l'ÉCOSSE et Charles voit anéantir ses dernières espérances.

1651

GUERRE CIVILE, BATAILLE DE WORCESTER.

Tandis que Cromwell achève de soumettre l'Écosse, Charles prend une résolution désespérée, mais digne d'un prince qui combat pour reconquérir un trône. Le chemin d'Angleterre lui étant ouvert, il y entre brusquement à la tête de quatorze mille hommes; on ne l'attendait pas: ses partisans étonnés et tremblants au nom seul de son adversaire n'osent se joindre à lui; les Écossais qui l'avaient accompagné, effrayés d'une entreprise aussi périlleuse, l'abandonnent en grande partie.

En effet, Cromwell instruit de l'arrivée du roi, accourt du fond de l'Écosse, l'attaque, EST VAINQUEUR A WORCESTER et force la place à se rendre. L'armée royale accablée par le nombre est entièrement détruite, et le prince lui-même après avoir donné des preuves du plus grand courage est contraint de fuir à travers mille dangers.

1651*

FUITE DU ROI.

Tandis que Cromwell revenait triomphant à Londres, Charles, échappé avec peine au carnage, était proscrit; errant, abandonné. Exposé sans cesse à tomber au pouvoir de ses ennemis, il se trouva forcé de chercher un asile dans une épaisse forêt et passa une nuit entière caché SUR UN CHÊNE, se dérobant ainsi aux poursuites des soldats qui le cherchaient. Cet arbre dans la suite fut nommé CHÊNE ROYAL et devint un objet de vénération pour les habitants du pays.

Charles au comble de l'infortune, éprouva qu'il est encore des dédommagements au malheur; il reçut de quelques amis des témoignages d'un attachement et d'une fidélité incorruptibles: plusieurs oublièrent leurs propres dangers pour veiller sur ses jours. Enfin après beaucoup d'anxiétés et de souffrances, il parvint à gagner un vaisseau qui le conduisit en France où il débarqua heureusement.

1651**

EXÉCUTIONS.

Après la bataille de Worcester , Cromwell avait retenu prisonniers un très grand nombre de seigneurs du parti royal. Il fit donner ensuite par le parlement une amnistie générale ; mais sous des clauses captieuses qui lui laissèrent la liberté de priver de cette indulgence ceux envers qui ses intérêts ne lui permettraient pas d'en user. Plusieurs personnes furent donc condamnées et EXÉCUTÉES malgré l'amnistie.

La puissance de Cromwell semblait s'acroître chaque jour. Le général *Monk* qu'il avait laissé en Écosse, acheva la réduction de ce royaume. Ireton et Ludlow soumirent entièrement l'Irlande. En un mot, redoutable à ses voisins, maître de l'armée en qui résidait le pouvoir, l'ambitieux général songeait à s'élever plus encore.

1652

GUERRE AVEC LA HOLLANDE.

La république anglaise, déclara la guerre à la Hollande ; l'insulte faite à un ambassadeur en fut le prétexte ; L'AMIRAL BLAKE chargé de cette expédition fut VAINQUEUR de LA FLOTTE HOLLANDAISE, malgré les prodiges d'habileté et de courage des célèbres amiraux Trump et Ruyter.

Les Hollandais qui souffraient de l'interrup-
tion de leur commerce, désiraient la paix; mais le
parlement rejeta leurs avances, croyant qu'il
était de sa politique de maintenir une flotte en activité, afin de diminuer sur terre la puissance de
Cromwell dont on commençait à prévoir et à redouter les suites.

1653

CROMWELL DÉCLARÉ PROTECTEUR OU RÉGENT.

Voyant que le parlement cherchait à restrein-
dre son pouvoir et à s'affranchir de sa tyrannie, Cromwell se prépare à frapper les grands
coups, et va bientôt déployer toute la vigueur
de son caractère. Instruit que l'on s'occupe
d'une délibération contraire à ses vues, il court
au parlement, suivi de trois cents soldats, il insulte l'assemblée, accable chaque membre de re-
proches injurieux. *Retirez-vous*, dit-il, *vous n'êtes
plus parlement,* il les fait sortir l'un après l'autre, et la salle étant évacuée, il retourne à
White-Hall.

Pour laisser à la nation quelqu'ombre de liberté,
Cromwell forma un autre parlement composé de
fanatiques pris dans la lie du peuple, l'un d'eux
nommé *Barebonne* donna son nom à cette étrange
assemblée, qui en conséquence fut appelée le *parlement barbonne* (a). Ce nouveau parlement se

---

(a) *Barbonne* mot anglais qui signifie *décharné.*

rendit bientôt si méprisable, que Cromwell ne tarda pas à le dissoudre.

C'est alors que le conseil militaire lui donna le titre de PROTECTEUR DE L'ANGLETERRE, DE L'ÉCOSSE ET DE L'IRLANDE, titre en usage dans les temps de minorité, avec les prérogatives qui y sont attachées, droit de justice, de paix, de guerre, d'alliance, etc.

Ainsi cet homme extraordinaire, parvint d'un état obscur à la souveraine puissance. En profitant des évènements que le hasard fit naître en sa faveur, et qu'il sut diriger à son plus grand avantage ; après avoir tout immolé à son ambition, il se montra rigide observateur de la justice, et par une sage administration, il rendit à l'Angleterre le calme et la prospérité dont elle avait été si long-temps privée.

1655

SUITE DE LA GUERRE AVEC LA HOLLANDE.

Cromwell occupé du gouvernement intérieur de l'état, cherche à le faire respecter au-dehors. LA GUERRE AVEC LA HOLLANDE SE POURSUIT AVEC LES MÊMES SUCCÈS.

Les Hollandais ayant de nouveau demandé la paix, Cromwell la leur accorda à condition qu'ils abandonneraient les intérêts du roi d'Angleterre et payeraient tous les frais de la guerre.

1655*

TRAITÉ AVEC LA FRANCE.

Les cours étrangères, avaient reconnu le protecteur. Le cardinal Mazarin premier ministre en France pendant la minorité de Louis XIV rechercha son alliance, et conclut avec lui UN TRAITÉ dont la principale condition fut, que Charles II et le duc d'Yorck, sortiraient du royaume de France.

1655 **

PRISE DE LA JAMAIQUE.

La marine anglaise toujours triomphante signalait partout sa supériorité; les amiraux Pen et Venable, enlèvent la Jamaïque aux Espagnols, conquête précieuse par la situation de cette île, et surtout par ses plantations, source de ses richesses.

L'amiral Blakedans la Méditérannée, s'illustrait aussi par de nouveaux exploits ; grand homme, bon citoyen, il servait l'état sans aimer Cromwell. *Nous devons combattre pour notre patrie*, disait-il, *en quelques mains qu'elle soit tombée.*

Le grand duc de Toscane qui avait causé quelques pertes au commerce anglais, se vit contraint de donner la satisfaction qui lui fut demandée. Les doges d'Alger et de Tunis baissèrent aussi les armes devant le pavillon anglais, et promirent de le respecter à l'avenir.

1658

NOUVEAU TRAITÉ AVEC LA FRANCE.

Ce traité fut conclu de même que le premier, par le cardinal Mazarin, ministre de Louis XIV; le plus grand avantage qu'il offrit aux Anglais fut l'acquisition de Dunkerque; cette place importante leur fut cédée par la France qui venait de l'enlever aux Espagnols.

1658*

TYRANNIE ET MORT DE CROMWEL.

Cromwell n'avait qu'un pas à faire pour parvenir à la royauté, objet de tous ses vœux; le parlement lui offrait la couronne; il la désirait et crut devoir la refuser. Un nouveau titre n'eût rien ajouté à sa puissance et pouvait indisposer contre lui et le peuple et l'armée. Son orgueil flatté résista néanmoins avec peine, et ne céda qu'aux vives représentations de sa famille. Il pouvait en effet se contenter du titre assez glorieux de *protecteur de l'Angleterre, de l'Écosse et de l'Irlande,* le parlement y ajouta un revenu annuel et le droit de se choisir un successeur.

Environné de succès et de gloire, Cromwell était loin d'avoir trouvé le bonheur. Également odieux à tous les partis, il ne devait sa sûreté qu'à leur division; et dévoré des tourments qu'enfante la tyrannie, la paix était bannie de son cœur; chaque instant semblait redoubler ses inquiétudes. De nouvelles CONSPIRATIONS SE SUCCÉDAIENT SANS INTERVALLES. Menacé DES POIGNARDS d'une foule d'assassins, la mort qu'il avait tant de fois bravée au milieu des combats lui inspirait les plus vives terreurs; il la voyait partout. Couvert d'une armure, chargée d'armes offensives, il fallait encore qu'une garde nombreuse le suivit en tous lieux; son regard était sombre, sa démarche précipitée, rarement il passait trois nuits dans le même appartement; la société l'épouvantait, dans la crainte d'y rencontrer un ennemi; la solitude l'effrayait plus encore, il n'y trouvait que des remords.

C'est ainsi que s'avançait au tombeau, cet homme qui s'était rendu maître d'un empire, et dont la faible raison n'avait plus le pouvoir de régner sur lui-même; une maladie mortelle causée par des craintes si vives et si souvent renouvelées, vint le délivrer enfin d'une existence remplie de trouble et d'effroi. IL EXPIRA à White-Hall le 3 Septembre anniversaire du jour où il avait gagné les batailles de Worcester et de Dunbar, et que pour cette raison il avait regardé comme un jour fortuné.

Cromwell était âgé de cinquante-neuf ans et gouvernait l'état depuis neuf années. Après sa mort, son fils *Richard* qu'il avait désigné pour son successeur fut déclaré protecteur de l'Angleterre;

mais n'inspirant point de confiance à l'armée, manquant d'ailleurs du génie et de la fermeté nécessaire pour soutenir ses droits, Richard renonça bientôt à la souveraine puissance et signa son abdication; il trouva dans les douceurs d'une vie privée un ample dédommagement à l'éclat des grandeurs qu'il avait dédaignées. Henry son frère, gouverneur d'Irlande, plus habile sans être plus ambitieux, se retira de même pour vivre dans la retraite.

Après l'abdication de *Richard Cromwell*, le conseil militaire s'empara d'une autorité absolue. Il assembla le *Rump*, fantôme de parlement dont il voulait couvrir sa tyrannie et le chassa bientôt après. Un nouvel ambitieux nommé Lambert tenta vainement de s'élever ainsi que Cromwell au rang suprême; mais la nation entière fatiguée de troubles, de discordes, désirait le rétablissement de la monarchie, et une nouvelle révolution était sur le point d'éclater.

CHARLES II,

TROISIÈME ROI STUART.

de 1660 à 1685.

1660

CHARLES II, fils de Charles Ier, long-temps fugitif et sans ressources, avait imploré vainement l'appui des princes voisins pour remonter sur le trône de son père ; mais, guidé par leur seul intérêt, tous les souverains à l'envie avaient traité avec l'usurpateur, abandonnant ainsi la cause de l'héritier de la couronne. Charles en un mot avait cessé d'espérer, au moment où il touchait au terme de ses malheurs.

1660*

GEORGES MONK, AUSSI GRAND CAPITAINE que vertueux citoyen était chargé du gouvernement d'Écosse ; engagé tour à tour dans le parti du roi Charles Ier, et dans celui du parlement, il avait servi ce dernier plutôt par nécessité que par inclination, et s'était acquis par la douceur et l'égalité de son caractère, l'amour des soldats et la confiance du peuple. Profitant de son influence, il médite en secret le rétablissement de Charles II ; d'abord il se déclare en faveur du parlement cassé

par *Lambert* et sous prétexte de rétablir l'autorité, dont ce corps avait été privé, il se rend à
Londres; cette ville se joint à lui, le parlement
tour à tour cassé, rappelé est chassé de nouveau;
il est remplacé par une assemblée libre propre à
remédier aux maux de l'état.

C'est ainsi que Monk par une politique habile
marche à grands pas au but qu'il se propose.

1660 **

AMNISTIE.

A peine le nouveau parlement est-il assemblé,
qu'un envoyé du roi se présente: il remet une
déclaration par laquelle Charles accorde une
amnistie générale, sans autres exceptions que
celles qu'il plaira au parlement de régler: des
promesses au peuple et à l'armée achèvent de lui
concilier tous les suffrages.

Monk alla recevoir à Douvres le prince qu'il
avait eu la gloire de rétablir sur le trône: le titre
de *duc d'Albermale* qu'il reçut alors eut peu de
prix à ses yeux; la première récompense d'une
belle action est le plaisir de l'avoir faite.

1660 ***

La couronne est rendue a Charles II et la
paix à l'Angleterre. Le nouveau monarque est
reçu avec transport par la ville de Londres, et son
heureux retour semble pour les Anglais le gage
d'une félicité durable. Ce prince doux, aimable,

13

éclairé, pouvait se faire adorer sur le trône, mais il reçut envain les grandes et terribles leçons de l'adversité. La légèreté de son caractère, son indolence, sa prodigalité et son goût excessif pour le plaisir lui donnèrent de l'éloignement pour les affaires, et lui firent bientôt négliger les soins du gouvernement.

1660 ****

EXÉCUTIONS.

Charles ayant excepté de l'amnistie, ceux des membres de la haute cour qui avaient eu le plus de part au jugement du roi, on instruisit leur procès, et ils furent condamnés à mort et EXÉCUTÉS; les autres ayant paru moins coupables échappèrent au supplice et obtinrent leur grâce.

La tranquillité étant rétablie dans le royaume, le mariage du roi avec l'infante de Portugal fut célébré. L'intérêt plus que le goût eut part à cette union. La princesse dépourvue d'agréments, apportait à Charles II une dot considérable, qui le détermina sans doute à la faire asseoir sur le trône.

1662

Les revenus de la couronne ne pouvant suffire à la prodigalité du roi, bientôt il vit ses trésors épuisés, et pour subvenir à ses folles dépenses, il conclut avec Louis XV un marché honteux. LA VILLE DE DUNKERQUE FUT VENDUE au monarque Français pour la modique somme de cinq millions.

L'Angleterre PERDIT AINSI UNE PLACE IMPORTANTE, et la nation entière en murmura.

1665

GUERRE AVEC LA HOLLANDE.

Les Anglais, jaloux d'une république rivale de leur commerce, déclarent la guerre à la Hollande; Louis XIV se joint à cette dernière puissance et bientôt l'Océan est couvert des vaisseaux des deux nations. LA FLOTTE ANGLAISE commandée par le duc d'York, frère du roi, obtint un premier avantage suivi DE GRANDS SUCCÈS: l'amiral hollandais Ruyter fut battu et ce grand homme, grand encore dans sa retraite, regretta d'avoir survécu à ce revers.

Le duc d'York dans cette guerre inventa la manière de communiquer les ordres, et de les faire entendre à une armée navale au moyen des flammes et DES PAVILLONS: le maréchal de Tourville perfectionna depuis cette invention.

1666

INCENDIE DE LA VILLE DE LONDRES.

L'Angleterre triomphante au dehors avait à gémir sur des calamités intérieures. Cent mille personnes venaient d'être enlevées par la peste dans la ville de Londres, lorsqu'un affreux incendie y consuma plus de treize mille maisons presque toutes construites en bois.

Ce désastre eut un effet heureux ; Londres fut rebâti promptement sur un plan plus vaste, et la peste, qui souvent désolait cette ville, lorsque ses rues étaient étroites et malsaines, n'y a plus reparu depuis cette époque.

1667

TRAITÉ DE BREDA.

La guerre avec la Hollande, continuait encore avec des succès balancés de part et d'autre, et coûtait à la nation beaucoup d'hommes et d'argent. Elle fut enfin terminée par LE TRAITÉ DE BREDA.

Le plus grand avantage qu'en retirèrent les Anglais fut l'acquisition de New-York, colonie importante par sa situation.

Ce traité néanmoins ne reçut point l'approbation générale ; on blâma hautement lord Clarendon, premier ministre de Charles II, homme vertueux et incorruptible ; on l'accusa d'avoir entrepris une guerre inutile et de l'avoir terminée par une paix honteuse ; le roi lui-même, trouvant en lui l'austérité d'un sage et non les conseils d'un flatteur, avait cessé de l'aimer et sa disgrace suivit de près une injuste accusation. Banni, forcé de quitter l'Angleterre, Clarendon se retira en France, moins à plaindre peut-être que le faible monarque capable d'une telle ingratitude envers un fidèle serviteur.

1670

CABAL.

Après l'éloignement de lord Clarendon, le roi composa de cinq ministres son nouveau conseil, auquel on donna le nom de CABAL, des CINQ LETTRES INITIALES de ceux qui le composaient: CLIFFORD, ASHLEY, BUCKINGHAM, ARLINGTON ET LAUDERDAL.

Ces hommes sans talents, sans mérite, avaient obtenu la confiance du roi en flattant ses passions. Leur funeste association excita le mécontentement général.

Un évènement plus inquiétant vint jeter l'effroi parmi la nation Anglaise; l'héritier présomptif de la couronne, le duc d'York, abjura la religion protestante pour embrasser le catholicisme. Dès ce moment, les plus violents soupçons s'élevèrent contre la cour, et il ne fallait qu'un prétexte pour faire éclater une révolte.

1678

TRAITÉ DE NIMÉGUE.

L'Angleterre, après avoir soutenu les intérêts de l'Espagne contre Louis XIV, s'était liguée avec le monarque français contre la Hollande: les flottes anglaise et hollandaise se livrèrent plusieurs combats dans lesquels l'amiral hollandais, Ruyter, soutint la gloire de son pavillon. Mais Guillaume III, prince d'Orange, ayant été nommé Stathouder de Hollande, Charles entra en négociation avec lui et CONCLUT LA PAIX à l'insçu de Louis XIV. On redoutait le mécontentement de ce prince, cependant il n'entraîna pas la guerre comme on l'avait craint; Charles s'excusa près du monarque Français, conserva ses liaisons avec lui, et laissa même dix mille hommes à son service.

1678*

CONSPIRATION DES PAPISTES.

Le changement de religion du duc d'York, avait jeté la défiance dans les esprits; une conspiration attribuée aux catholiques acheva de répandre l'alarme.

On supposa que le pape, indigné de l'hérésie du roi, avait, d'accord avec les jésuites, juré sa perte; que sa mort était résolue, et que la couronne devait être offerte au duc d'York.

Titus Oates, misérable aventurier, fut à la fois l'inventeur et le dénonciateur du complot; on le nomma le *sauveur de la patrie*: sur sa déposition un grand nombre de personnes furent arrêtées, et tous les papistes bannis de la capitale.

Encourager la délation, c'était multiplier les délateurs; de toutes parts on en vit paraître; on voulait trouver des coupables et les acusations les plus absurdes étaient admises: d'innocentes et nombreuses victimes périrent avec courage, laissant à leurs bourreaux la honte et les remords.

1681

ACTE D'HABEAS CORPUS.

Depuis dix sept ans le même parlement existait; Charles en convoque un nouveau, et c'est à ce dernier qu'est dû le fameux décret appelé L'ACTE D'HABEAS CORPUS.

Cet acte défend d'envoyer qui que ce soit en prison au de là des mers, et ordonne au juge de communiquer à celui qui en fait la demande, l'ordre en vertu duquel il est détenu: il est enjoint aussi au geolier de produire à la cour le corps du prisonnier, formalité qui a donné son nom à l'acte *d'habeas corpus*. Cet acte est la garantie de la liberté individuelle des Anglais.

Le nouveau parlement, irrité comme l'ancien contre le duc d'York, sollicita contre ce prince un bill d'exclusion de la couronne, voulant placer sur le trône le duc de Monmouth fils naturel de Charles II. Pour appaiser les clameurs du peuple et du parlement, le roi fut contraint d'exiler le duc d'York du royaume. Mais désirant en même temps mettre un terme à ses discussions avec le parlement, il prit le parti de le dissoudre.

1681 *   .

FACTION DES WHIGS ET DES TORYS.

Depuis les troubles qui avaient agité le royaume, l'Angleterre se trouvait divisée en deux partis que l'on désignait sous les noms de Whigs et de Torys. Le nom de *Whigs* était donné aux ennemis de la cour, aux républicains, celui de *Torys* aux royalistes, soit protestans, soit catholiques; une semblable division devait allumer le feu de la discorde; aussi voyait-on de nouvelles séditions se succéder sans cesse. La plus dangereuse de toutes fut celle qu'excita le *duc de Monmouth*, dont le but était de s'emparer du trône. Le complot fut découvert et les coupables punis. Le duc, ayant avoué son crime, obtint sa grâce, mais fut condamné au bannissement.

1683

GOUVERNEMENT DESPOTIQUE DE CHARLES II.

Les conspirations, loin d'ébranler l'autorité royale, semblaient au contraire l'affermir plus encore. Bientôt la puissance du roi ne connut plus de bornes, et son gouvernement devint aussi despotique que celui du monarque le plus absolu. La ville de Londres fut PRIVÉE DE SA CHARTE; le roi lui en donna une nouvelle, par laquelle il se rendit maître du choix des maires, des aldermans, et le devint par là des élections. Les principales villes subirent le même sort, et perdirent également leurs priviléges. Inspirer le mécontentement, c'est exciter la révolte, aussi chaque jour voyait-il éclater de nouveaux troubles. De NOMBREUSES EXÉCUTIONS suivaient bientôt; mais loin de ramener les esprits, elles ne servaient qu'à les aigrir davantage. Les plaintes arrachées par un gouvernement tyrannique étaient considérées comme un crime d'état. L'inhumain Jefferyes chef de la justice cherchait par-tout des VICTIMES, et les envoyait impitoyablement A LA MORT.

Telles furent les dernières années du règne de Charles II: de toutes parts le crime et la révolte, une cour plongée à la fois dans les plaisirs et dans le sang, un peuple divisé par la haine, et personne qui ait conservé assez d'énergie pour arrêter ce torrent dans son cours.

1685

MORT DE CHARLES II.

Attaqué subitement d'une maladie qui ressemblait à l'apoplexie, Charles expira en peu de jours à While-Hall, après avoir reçu les sacrements de l'église romaine. Il était dans la cinquante-cinquième année de son âge et la vingt-cinquième de son règne.

Ce prince d'un esprit aimable, mais d'un caractère faible, ne sut profiter ni des dons heureux de la nature, ni des circonstances favorables dans lesquelles il se trouva placé à son avènement à la couronne. Les passions auxquelles il se livra étouffèrent en lui le germe des vertus. Ennemi du travail, oubliant les services, il prodigua indistinctement ses faveurs aux plus vils comme aux plus estimables de ses sujets, et se montra moins empressé de récompenser es fidèles serviteurs que de faire éclater ses vengeances contre les ennemis de sa maison.

Charles n'ayant laissé que des enfants naturels, son frère le duc d'York lui succéda sous le nom de Jacques II.

Le goût littéraire domina sous le règne de Charles II: la société royale de Londres fut fondée par Boyle et Wilkins. Loke, Otway, Dryden, etc., s'illustrèrent par des talents divers et Newton enfin vécut à cette époque: le commerce fleurit également malgré les discordes civiles et l'industrie naissante fut couronnée de quelques succès.

JACQUES II,

QUATRIÈME ROI STUART.

de 1685 à 1689.

1685

Le duc d'York, second fils de Charles Ier. et d'Henriette de France, succède à Charles II son frère, sous le nom de Jacques II. Après avoir été persécuté sous le dernier règne, à cause de la religion catholique qu'il professait, il se trouva enfin paisible possesseur du trône d'Angleterre.

Jacques avait illustré sa jeunesse par des victoires navales. Le peuple en conservait le souvenir et lorsqu'il le vit reparaître après un long exil, il témoigna sa joie par des applaudissements universels.

1685*

DEUX RELIGIONS.

Pour achever de se concilier les esprits, le roi restitue aux villes les chartes dont son frère les avait privées, et déclare hautement que son intention est non-seulement de maintenir les lois de l'église et de l'état, mais de conserver encore à la nation ses droits et ses libertés. Malgré cette dé-

claration, Jacques, quelques jours après, va publiquement à la messe et s'entoure de prêtres catholiques: c'est ainsi qu'il favorisait tout à tour LA
RELIGION PROTESTANTE, et la RELIGION CATHOLIQUE;
la première par ses promesses, l'autre par son
exemple.

1685**

BATAILLE DE BRIDGEWATER,
EXÉCUTION DE MONMOUTH.

Le duc de Monmouth, fils naturel de Charles II, avait été banni du royaume après sa première révolte, et s'était réfugié en Hollande. A la
mort de son père il sentit renaître ses espérances
et forma l'entreprise aussi audacieuse que préma-
turée de détrôner Jacques II. Secondé du comte
d'Argyle, il débarque sur les côtes d'Angleterre,
n'ayant au plus que cent hommes à sa suite. Mais
son nom était tellement cher au peuple, et l'on
portait au roi et à sa religion une haine si forte,
que bientôt cette petite armée s'augmenta d'un
grand nombre de mécontents.

Jacques, instruit de cette invasion, envoie des
troupes contre les rebelles. Monmouth déjà
proclamé roi dans quelques villes COMBAT A BRIDGE-
WATER où l'armée royale remporte UNE VICTOIRE
COMPLÈTE: poursuivi après sa défaite, Monmouth
fuit à la faveur d'un déguisement, mais il est
bientôt reconnu et arrêté.

Pressé par le roi de nommer ses complices, il

ne voulut point acheter la vie au prix du déshonneur et sut MOURIR avec courage. La faveur populaire dont il jouissait aurait pu le rendre plus dangereux, si l'imprudence n'eût précipité ses démarches. Jacques avait une occasion précieuse de signaler sa clémence, il ne montra que de la rigueur.

1685***

La mort de Monmouth fut suivie de L'EXÉCUTION D'UN GRAND NOMBRE DE SES PARTISANS. Le cruel Jefferyes au nom des lois envoya, dit-on, plus de six cents personnes à la mort, et ordonna leur supplice avec un cruel raffinement de barbarie.

Cette terrible vengeance fit naître des résolutions téméraires et désespérées, et prépara ainsi la ruine de Jacques II.

1688

DÉBARQUEMENT DE GUILLAUME, PRINCE D'ORANGE.

Jacques, par des actes de rigueur, avait commencé à s'aliéner les esprits: le mécontentement augmenta encore, lorsqu'au mépris des lois du royaume, on le vit envoyer une ambassade à Rome et recevoir à Londres un légat du pape. Le procès de six évêques acheva d'indisposer le peuple qui redoutait un changement dans la religion de l'état.

Ce fut dans cette circonstance allarmante que la nation tourna les yeux sur GUILLAUME, PRINCE D'ORANGE, et STATHOUDER DE HOLLANDE, qui avait épousé la princesse Marie fille aînée du roi. Appelé par le vœu secret des Anglais IL DÉBARQUE avec quatorze mille hommes, au VILLAGE DE BROXHOLM dans la baie de TORBAY, le 5 novembre, jour anniversaire de la conspiration des poudres.

1688*

Jacques, pour soutenir les droits de sa couronne, voulut en vain combattre Guillaume et les Anglais rebelles; IL FUT VAINCU et toutes ses provinces se soumirent au prince d'Orange: l'infortuné monarque se vit abandonné de l'armée, de son favori lord Churchill, depuis duc *de Marlborough* et enfin de sa propre famille. La princesse de Danemarck, sa fille favorite, s'attacha elle-même au parti triomphant; ce dernier coup fut pour lui le plus sensible: « Et quoi, s'écriait-il dans sa douleur; ma fille aussi m'abandonne! »

1689

FUITE DU ROI.

Contraint de céder à la force, Jacques s'était décidé à chercher un asile auprès du roi de France, le seul ami qui lui restât. La reine était partie; il se disposait à la suivre, lorsque tout à coup, il est arrêté, ramené à Londres, et reçu aux acclamations d'un peuple léger et inconstant. Mais ses espérances un instant ranimées, ne tardent pas à s'évanouir encore. Guillaume, impatient d'éloigner un dangereux rival, lui fait intimer l'ordre de se rendre à Rochester et là, le fait garder, mais avec tant de négligence qu'il semble lui faciliter un moyen d'évasion. Jacques en effet se dérobe à ses gardes, et sort de sa prison par une porte secrète qui donnait sur la Tamise; une barque l'attendait, il part et fait voile pour le Continent, accompagné du duc de Berwich son fils naturel. Il débarqua à Ambleteuse, et de là se rendit à la cour de France, où Louis XIV le reçut avec tous les égards dus à son rang et à son malheur.

1689*

La fuite du roi ayant été considérée comme une abdication, le trône fut déclaré vacant.

Les partis alors s'agitèrent de nouveau: Jacques ayant un fils, les uns demandaient une régence, d'autres voulaient que le prince d'Orange fut investi de la royauté. Enfin après de longues discussions dans le parlement, il fut décidé, à la majorité de deux voix, qu'un nouveau souverain était préférable à un régent.

Jacques tenta vainement depuis cette epoque de remonter sur le trône; il mourut en France en 1701 âgé de soixante huit ans; il avait régné trois ans sur l'Angleterre (a).

(a) (Voyez le médaillon de Jacques II). — Chaque médaillon donnant l'histoire du règne et non de la vie d'un souverain, on a terminé celui de Jacques II à l'époque où il cessa de régner.

Plus malheureux peut-être que coupable, ce prince posséda quelques vertus privées, mais il oublia toujours qu'un roi, pour affermir sa couronne, a besoin de s'entourer du respect et de l'affection de son peuple.

Ici finit la dynastie des rois Stuart, qui occupait le trône d'Angleterre depuis l'année 1603 (a). Cette époque malheureuse en général, pour les princes qui gouvernèrent, ne fut pas sans avantages pour la nation anglaise. L'agriculture et la marine firent de grands progrès; de florissantes colonies s'établirent en Amérique; le commerce acquit plus d'activité et les protestans chassés de France apportèrent aux Anglais, les talents et l'industrie de leur pays, où les progrès en ce genre avaient été plus rapides qu'en Angleterre.

---

trouvera donc point l'emblême et la date qui indiquent le genre et l'époque de sa mort qui n'arriva que plusieurs années après. Pour suivre l'ordre chronologique, cet emblême et cette date (1701) se trouvent dans le médaillon suivant — (Voyez le médaillon de Guillaume III, dernière ligne.)

(a) Une princesse de la branche de Stuart (la reine Anne) régna encore sur l'Angleterre d'après une décision du parlement. Mais le droit de succession au trône dans cette famille ayant cessé à Jacques II, il est regardé comme le dernier souverain de cette dynastie.

ROI NASSAU-ORANGE,

GUILLAUME III,

ROI NASSAU-ORANGE.

de 1689 à 1702.

1689

Guillaume de Nassau, prince d'Orange, Stathouder de Hollande et gendre de Jacques II, est proclamé roi d'Angleterre, sous le nom de Guillaume III; il est également reconnu en Écosse; l'Irlande seule reste fidèle à Jacques II.

1689*

Le parlement sous le nom de *convention* déclare que Guillaume et Marie (épouse du prince d'Orange) régneront conjointement comme roi et reine d'Angleterre, mais que l'autorité sera réservée au prince seul: (a)

La constitution nouvelle conserva au souverain une grande partie des prérogatives pour

______

(a) Voyez le médaillon de Guillaume. Le *sceptre* est le symbole de l'autorité, il est joint à *la couronne de Guillaume* seulement.

14

lesquelles le peuple avait si long-temps disputé et combattu: le nouveau roi eut sur le parlement le même pouvoir que ses prédécesseurs, son conseil ne fut composé que de personnes entièrement dévouées à ses intérêts; ainsi la révolution qui plaça Guillaume III sur le trône ne donna pas à la nation anglaise tous les avantages qu'elle pouvait en retirer, et bientôt les différents partis qui avaient appelé de concert le prince d'Orange, ne virent plus du même œil le roi Guillaume. Les catholiques travaillèrent sourdement en faveur de Jacques, dont les partisans furent alors désignés sous le nom de *Jacobites.*

1690

L'Angleterre ayant déclaré la guerre à la France, qui soutenait la cause de Jacques II, un combat naval eut lieu à la hauteur de Dieppe, et la flotte anglaise fut battue par M^r. de Tourville, vice-amiral de France.

1690*

BATAILLE DE LA BOYNE CONTRE JACQUES II.

Secondé par le roi de France, et comptant sur la fidélité des Irlandais, Jacques veut faire une nouvelle tentative pour remonter sur le trône d'Angleterre; il débarque en Irlande, fait son entrée à Dublin où il est reçu avec transport. Le comte de Tyrconnel qui commandait en Irlande était entièrement dévoué à ses intérêts; tout semblait en un mot concourir à réaliser ses espérances.

Mais au moment où il se flattait du plus heureux succès, Guillaume en personne marche contre lui et GAGNE LA BATAILLE de la BOYNE qui décide du sort de l'Angleterre.

Jacques, simple spectateur de cette action, prit la fuite après la défaite, et se retira de nouveau en France. La soumission de l'Irlande suivit de près sa retraite.

On permit alors à tous les Irlandais mécontents de sortir du royaume; douze mille de ceux qui avaient combattu avec le roi Jacques, aimèrent mieux s'expatrier que de se soumettre au gouvernement de Guillaume; la France leur offrit un asile ainsi qu'au prince détrôné.

1692

COMBAT NAVAL DE LA HOGUE.

Louis XIV ne pouvant renoncer au projet de rétablir Jacques II sur le trône, se prépare à une nouvelle descente: l'amiral Tourville, quoique bien inférieur en nombre, reçoit l'ordre d'attaquer l'ennemi. On combat et LA VICTOIRE RESTE A L'ANGLETERRE : la flotte française fut dispersée et six grands vaisseaux furent brûlés dans la rade de La Hogue.

Après ce désastre, le roi Jacques perdit toute espérance de remonter jamais sur le trône d'Angleterre.

1692*

SIÉGE DE NAMUR PAR LES FRANÇAIS.

Une partie de l'Europe s'était liguée contre Louis XIV, sans pouvoir ébranler sa puissance; Guillaume, brûlant de se venger de la protection constante que ce prince accordait à Jacques II, était l'âme de la ligue formée contre lui. Mais c'est en vain qu'il veut lui résister. Louis, vainqueur dans les Pays-Bas ASSIÉGE en personne la VILLE DE NAMUR, et les Anglais PERDENT CETTE PLACE IMPORTANTE.

1692**

BATAILLE DE STEINKERQUE.

La guerre se poursuit dans les Pays-Bas et GUILLAUME EST VAINCU A STEINKERQUE, bataille célèbre où les Anglais firent des prodiges de valeur.

1693

BATAILLE DE NERWINDE.

Guillaume repasse en Hollande, la fortune continue à lui être contraire, IL EST VAINCU A NERWINDE. Cependant une retraite glorieuse le rend encore redoutable, et la prise de Charleroi est le seul fruit que les Français retirent de leur victoire.

1695

LA VILLE DE NAMUR REPRISE PAR GUILLAUME.

Inébranlable dans la résolution de s'opposer

à l'agrandissement de Louis **XIV**, Guillaume, malgré ses revers, ne se laisse point abattre, il retourne dans les Pays-Bas, et bientôt il a REPRIS LA VILLE DE NAMUR, défendue par le maréchal de Boufflers : ce SIÉGE MÉMORABLE est l'action la plus éclatante de cette campagne.

1695 *

LA REINE MARIE, épouse de Guillaume MEURT âgée de trente-deux ans. La douceur de son caractère et son attachement pour son époux ne purent faire oublier l'ingratitude dont elle s'était rendu coupable envers le roi son père.

Guillaume regretta d'autant plus cette princesse, qu'après sa mort ses propres droits à la couronne devenaient plus incertains.

1697

LE TRAITÉ DE RISWICK rend la paix à tou⌐ rope : Louis XIV par ce traité aband⌐ partie de ses conquêtes et reconn⌐ prince d'Orange pour roi d'Anglet⌐

1701
MORT DE JACQUE⌐

Jacques, après de longu⌐
Saint-Germain-en-Laye
depuis plusieurs ann⌐
huit ans et avait ré⌐

Le prince de Ga⌐
de la Grande Breta⌐
pape Innocent XII

1702

MORT DE GUILLAUME.

Une guerre nouvelle se préparait au sujet de la succession au trône d'Espagne, elle avait encore un autre motif; Louis XIV ayant reconnu le fils de Jacques II pour roi d'Angleterre, Guillaume brûlait de venger cette injure, et, malgré l'affaiblissement de sa santé, il se disposait à prendre le commandement de ses troupes, lorsqu'un ACCIDENT CAUSA SA MORT (a). Son cheval s'étant abattu sous lui, il tomba avec tant de violence, qu'en peu de jours cette chute le conduisit au tombeau : sentant sa fin approcher, l'objet habituel de ses pensées l'occupait encore, et l'état de l'Europe semblait le rendre insensible au sien.

Guillaume, en acceptant la couronne, espérait bien conserver intactes les prérogatives qu'on lui avait accordées. Mais, fatigué de lutter sans cesse contre les lois dont le parlement enchaînait son autorité, il consentit à toutes les restrictions que l'on fit à ces mêmes prérogatives, ce qui a fait dire

(a) Trois rois d'Angleterre ont porté le nom de Guillaume. — Guillaume-le-Conquérant, Guillaume-le-Roux et Guillaume III prince d'Orange. On remarque que ces trois princes, du même nom périrent tous trois *par accident* et furent les seuls parmi les rois d'Angleterre qui moururent ainsi. Voyez tableaux N°. 2 et N°. 4

On observera encore une conformité non moins frappante entre la destinée *du premier* et *du dernier* Guillaume, c'est que tous deux se rendirent maîtres du trône d'Angleterre.

de lui, qu'il était *Stathouder en Angleterre et roi en Hollande.*

La révolution qui plaça Guillaume sur le trône est l'époque de la liberté anglaise; c'est de-là que date le gouvernement représentatif, tel qu'il existe aujourd'hui : la liste civile fut réglée pour la première fois à l'avènement de ce prince; avant ce temps les revenus de la couronne étaient indéterminés.

Les lettres et les arts firent peu de progrès sous le règne de Guillaume; ce prince, entièrement livré à l'ambition (à laquelle il sacrifia même les droits de la nature) ne mettait de prix qu'à la gloire des armes. Quoique toujours vaincu, il eut tous les talents d'un grand capitaine, et il ne fallait rien moins que sa bravoure et sa profonde politique pour le soutenir sur le trône, malgré le mécontentement de la nation anglaise et la toute-puissance de Louis XIV.

Guillaume mourut sans postérité à l'âge de cinquante-deux ans. Un acte du parlement appelait au trône (à défaut de descendants de Guillaume et Marie) *Anne Stuart*, sœur cadette de Marie et élevée comme elle dans la religion protestante. Le même acte donnait l'exclusion au prétendant Jacques III, et déclarait que la duchesse de Hanovre, arrière-petite-fille de Jacques Ier, régnerait après la princesse Anne.

ANNE,

DE LA BRANCHE DE STUART.

de 1702 à 1714.

1702

ANNE STUART, fille de Jacques II, succède à Guillaume III son beau-frère, à l'exclusion de son frère Jacques III; elle avait épousé le prince de Danemarck, qui n'exerça aucune autorité dans le royaume.

La nouvelle REINE était digne du trône où l'appelait l'ordre de succession établi par le parlement; l'assurance qu'elle donna de maintenir la religion, les lois et les libertés de son pays, inspirèrent une confiance qui ne fit que s'accroître chaque jour.

1702*

Lord Churchill, DUC DE MARLBOROUGH, illustra ce règne par SES EXPLOITS, et devint tout-puissant à la cour, tant par son mérite personnel que par le crédit de sa femme, favorite de la reine.

Peu d'hommes méritèrent plus que Marlborough la faveur qu'il obtint. Calme au milieu des dangers, plein d'activité dans le cabinet, ne connaissant point d'obstacles, il devint l'adversaire le plus redoutable que, depuis les batailles de Crécy et d'Azincourt, l'Angleterre eut opposé à la France.

Anne, fidèle au plan de son prédécesseur, déclara la guerre à cette puissance, et, comme Guillaume, elle devint l'âme de la ligue qui se forma contre Louis XIV.

Marlborough fut nommé général des troupes anglaises et généralissime de l'armée des alliés.

1704

BATAILLE D'HOCHSTET OU DE BLEINHEIM.

Une guerre générale embrase l'Europe entière; Marlborough volant de succès en succès pénètre en Allemagne; il est vainqueur a la sanglante bataitte d'Hochstet, où les armées de France et de Bavière sont taillées en pièces. Le champ de bataille fut jonché de morts, et le Danube couvert de fuyards qui se noyaient en voulant échapper au carnage.

La conquête d'une grande étendue de pays fut la suite de cette célèbre victoire.

1704*

SIÉGE DE GIBRALTAR.

Tandis que Marlborough triomphait en Allemagne, la marine anglaise signalait sa valeur dans la Méditerranée. Une expédition dirigée sur Barcelone n'ayant pu réussir, l'amiral sir Georges Rook uni au prince de Hesse, se décide à faire une tentative sur GIBRALTAR. Cette ville est située sur une montagne accessible d'un seul côté; LES ANGLAIS DÉBARQUENT ayant à leur tête le prince de Hesse, ils donnent L'ASSAUT et malgré la vigoureuse résistance des assiégés, le gouverneur est contraint de se RENDRE.

Cette place importante regardée comme la clef de la Méditerranée est restée depuis cette époque au pouvoir des Anglais.

La guerre, vers la même époque, s'était allumée en Espagne au sujet de la succession du dernier roi: ce prince avait désigné pour son successeur Philippe V petit-fils de Louis XIV ; d'un autre côté Charles, fils de l'empereur d'Allemagne, avait été reconnu héritier de la couronne par un ancien traité. Ces deux partis divisèrent l'Espagne et les puissances étrangères ; les Anglais soutinrent le duc Charles, et ayant à leur tête le comte de Peterborough, ils s'emparèrent de Barcelone ; mais ce premier succès fut suivi d'une prompte défaite, et bientôt tout le royaume d'Espagne, hors la seule province de Catalogne, reconnut les lois de Philippe son souverain.

1706

SUITE DE LA GUERRE AVEC LA FRANCE,
BATAILLE DE RAMILLIES.

La VICTOIRE, FIDÈLE A MARLBOROUGH, se déclare encore pour lui A LA BATAILLE DE RAMILLIES en

Flandre; l'armée française, commandée par le duc de Villars, est mise en déroute; un grand nombre de places fortes tombent au pouvoir du vainqueur.

1706*

TRAITÉ QUI RÉUNIT L'ANGLETERRE ET L'ÉCOSSE SOUS UNE SEULE DOMINATION ET UN MÊME GOUVERNEMENT.

Ces deux royaumes, quoique gouvernés par un seul souverain depuis Jacques Ier avaient conservé chacun leur parlement , et souvent on poursuivait dans l'un des projets absolument contraires à ceux de l'autre.

La reine, en opérant cette réunion, mit un terme à des troubles toujours renaissants, et par-là acquit un nouveau droit à l'amour et à la reconnaissance de ses sujets.

1709

BATAILLE DE MALPLAQUET.

Tandis que la reine travaille à consolider la paix dans son royaume, la guerre se poursuit avec activité sur le continent et la campagne de Flandre est couronnée des plus brillants succès: LA BATAILLE DE MALPLAQUET est GAGNÉE par MARLBOROUGH sur le maréchal de Villars; cette victoire importante est bientôt suivie de la prise de Mons.

La fortune continuant d'être contraire à Louis

XIV, il se décida à demander la paix. On convint d'une suspension d'armes et les Anglais furent mis en possession de Dunkerque pour sûreté des engagements.

1713

Traité de paix et de commerce conclu a Utrecht par les plénipotentiaires anglais et français.

Par ce traité, Philippe V renonça à ses droits sur la couronne de France, l'empereur eut le royaume de Naples, le duché de Milan, et les Pays-Bas; le duc de Savoie son fils fut mis en possession de la Sicile avec le titre de roi; l'Angleterre garda Gibraltar; et Louis XIV enfin fut obligé, non-seulement de combler et démolir le port de Dunkerque, mais encore d'abandonner une partie de ses conquêtes.

*

La paix rendue à l'Angleterre favorisa son commerce, source inépuisable de richesses; elle contribua de même aux progrès de la littérature qui, sous ce règne, encouragée par la souveraine, fut cultivée avec succès. Adisson, Steel, Pope, Prior, Young, Tompson et une foule d'écrivains célèbres illustrèrent cette époque, où la nation anglaise était parvenue au plus haut degré de sa prospérité et de sa gloire.

Que de reconnaissance ne devait-on pas à l'auguste souveraine qui, par sa sagesse, avait assuré la félicité de ses peuples? Tous ses bienfaits néanmoins furent oubliés ou méconnus; injuste envers elle, on l'accuse, on la calomnie, en lui supposant l'intention de mettre sur le trône le prétendant Jacques III; enfin les deux partis des *Whigs* et des *Torys* se rallument et s'agitent de nouveau plus vivement que jamais.

1714

MORT DE LA REINE.

Sa santé chancelante depuis quelque temps, s'affaiblissait de jour en jour davantage, cette princesse, amie de la tranquillité, voyait avec peine les nouvelles dissentions qui divisaient le royaume. A ce chagrin il s'en joignit un autre non moins sensible; la duchesse de Marlborough, qu'elle aimait tendrement, mérita sa disgrace par son insupportable orgueil, et entraîna son époux dans sa chute.

Accablée de tant de peines, la reine déclara qu'elle n'y survivrait pas; en effet elle tomba dans un état de léthargie et d'insensibilité qui bientôt fit désespérer de sa vie, et la conduisit enfin au tombeau.

Anne Stuart se distingua par une piété sincère, une vertu constante, et une tendre affection pour ses peuples; si elle ne mérita pas comme Élisabeth d'être placée au rang *des plus grands rois*, elle fut au moins la meilleure des souveraines, on l'appelait la *bonne reine*; titre plus glorieux peut-être que les victoires qui ont illustré son règne célèbre; Marlborough fit trembler la France, mais elle parvint à pacifier l'Europe.

Anne mourut sans postérité à l'âge de cinquante ans; le prétendant Jacques III son frère ayant été exclu de la succession au trône, le parlement convoqué désigna l'électeur de Hanovre, arrière-petit-fils de Jacques Iᵉʳ, et fils de la princesse Sophie duchesse de Hanovie.

ROIS BRUNSWICK-HANOVRE.

GEORGES Ier,

PREMIER ROI BRUNSWICK-HANOVRE,

de 1714 à 1727.

1714

Georges, Louis de Brunswich, électeur de Hanovre, fils de la duchesse de Hanovre et arrière-petit-fils de Jacques Ier. est proclamé ROI D'ANGLE-TERRE, sans la moindre opposition. Ce prince d'un esprit supérieur joignait les talents militaires à ceux de la politique; il avait pour maxime de n'abandonner jamais ses amis, de rendre justice à tout le monde, et de ne craindre personne.

Le parlement assemblé prononça de nouveau l'exclusion du prétendant, fils de Jacques II, et promit cent mille livres sterling à quiconque l'arrêterait, dans le cas où il voudrait descendre dans le royaume.

1714*

COURONNEMENT DU ROI.

Georges se hâte d'arriver en Angleterre pour

PRENDRE POSSESSION DE LA COURONNE. A son avènement il fait une déclaration par laquelle il maintient les églises d'Angleterre et d'Écosse dans l'état où elles étaient établies par les lois.

Il aurait dû de même tenir la balance entre les deux partis qui divisaient l'Angleterre et chercher à les réunir en les ménageant; mais à peine fut-il sur le trône qu'il se prononça en faveur des *Whigs*, oubliant ainsi qu'un roi, qui se met à la tête d'une faction, ne règne que sur la moitié de ses sujets.

1714**

FACTIONS DES WHIGS ET DES TORYS.

Le feu de la discorde allait embraser le royaume: les Whigs, sous prétexte d'affermir la couronne sur la tête d'un prince de leur choix, ne songeaient qu'à augmenter leur puissance et à donner des lois au souverain même. Toutes les grâces, toutes les faveurs étaient pour eux, tandis que le peuple gémissait dans l'oppression. Cette imprudente conduite excita le mécontentement; on n'entendit plus que les cris: *à bas les Whigs, Sacheverel pour toujours.* (Henry Sacheverel était un ecclésiastique d'Oxford, qui déjà sous le règne précédent était à la tête du parti des Torys).

Le roi, voyant l'esprit de révolte se manifester de toutes parts, voulut en vain l'appaiser; mais, lorsqu'une fois le peuple est exaspéré, il n'est pas facile d'arrêter les funestes effets de la rebellion.

1715

GUERRE CIVILE CONTRE LE PRÉTENDANT.

Profitant des troubles du royaume, le prétendant publie un manifeste dans lequel il se plaint
que l'on ait proclamé un prince étranger contre la
loi fondamentale du droit héréditaire: aussitôt les
partisans de Jacques ou plutôt les nombreux mécontents du royaume volent aux armes.

Le comte de Marr lève des troupes en Écosse
et fait proclamer le prétendant Jacques III; mais
Georges va combattre les rebelles et IL EST VAIN-
QUEUR A LA BATAILLE DE DUMBLAIN.

Les principaux chefs de la révolte, livrés à
l'inflexible vengeance du monarque, furent arrêtés
et périrent sur l'échafaud; le prétendant et le
comte de Marr prirent la fuite et repassèrent en
France.

1716

NOUVELLES RÉVOLTES.

Le prétendant quoique éloigné ne renonçait
point à ses projets, et s'occupait sans cesse à fomenter de nouvelles insurrections en Angleterre;
plusieurs gentilshommes soupçonnés d'intelligence
avec lui furent arrêtés.

Ces mesures n'empêchèrent pas LA RÉVOLTE
d'éclater, mais elle fut mal dirigée, et comme la
première, elle n'eut d'autres résultats que la punition des rebelles.

1716*

DÉBARQUEMENT DU PRÉTENDANT.

Trompé dans ses dernières espérances, Jacques, avec sa présomption ordinaire, ne se rebute point et tente une nouvelle expédition plus périlleuse encore que les autres. Il traverse la France, s'embarque sur un navire à Dunkerque, et en peu de jours IL ARRIVE SUR LES CÔTES D'ÉCOSSE suivi seulement de six gentilshommes. Le comte de Marr s'étant joint à lui, IL EST PROCLAMÉ ROI ET COURONNÉ bientôt après. Mais cette entreprise trop légèrement conçue fut abandonnée plus légèrement encore: Jacques, après avoir déclaré qu'il manquait d'argent, d'armes et de munition, ABDIQUA LA COURONNE et se rembarqua sur un bâtiment français, accompagné de plusieurs lords ses adhérents.

Les principaux chefs de la révolte périrent sur l'échafaud; un seul eut le bonheur d'échapper au supplice, ce fut lord Nithisdal, sauvé par le généreux artifice de sa femme.

Ayant obtenu la permision de dire un dernier adieu à son époux, lady Nithisdal pénétra dans sa prison, prit ses vêtements, lui donna les siens, et après avoir ainsi assuré sa fuite, elle resta prisonnière à sa place.

Interrogée juridiquement, elle garda un profond silence sur le lieu de la retraite du comte; loin de la punir, on admira son noble dévouement et la liberté lui fut aussitôt rendue.

1718

QUADRUPLE ALLIANCE entre l'empereur, la France,
l'Angleterre et la Hollande: ce traité, qui réglait le
partage de quelques états, devait assurer la tranquil‑
lité de l'Europe; l'Espagne seule refusa d'y ac‑
céder.

1720

GUERRE CONTRE L'ESPAGNE. — COMBAT NAVAL.

La quadruple alliance avait indisposé le roi
d'Espagne, et devint le prétexte d'une rupture
entre cette puissance et l'Angleterre.

Cette guerre nouvelle ranima les espérances du
prétendant et de ses partisans, et bientôt le car‑
dinal ALBERONI, ministre d'Espagne, homme am‑
bitieux et entreprenant, projeta une invasion en
faveur de Jacques III.

Le duc d'Ormond fut chargé de diriger cette
expédition sur l'Écosse, mais la fortune encore
fut contraire au prétendant; LA FLOTTE ANGLAISE
TOUJOURS VICTORIEUSE obligea les Espagnols à se
retirer.

Le roi d'Espagne ayant échoué dans cette en‑
treprise fut bientôt forcé d'accéder à la quadru‑
ple alliance. Par suite de cette adhésion, la cause
du prétendant fut abandonnée de nouveau.

1720*

ACTIONS DE LA COMPAGNIE.

Le système de Law (a) venait de bouleverser la France: les Anglais ne se montrèrent pas plus sages; abusés de même par de fausses apparences, ils croient aux spéculations du chevalier *Blunt*, qui prétend acquitter les dettes de l'état en créant aussi UN PAPIER MONNAIE; ce papier, créé au nom de la compagnie de la mer du sud, remplace bientôt l'argent, chacun s'empresse de changer son or contre les nouvaux billets, et croit s'enrichir en se dépouillant.

On s'aperçoit trop tard que le commerce de la mer du sud ne peut répondre aux vœux de la cupidité; le prestige se dissipe, LES ACTIONS DE LA COMPAGNIE baissent tout à coup et PERDENT ENFIN TOUTE VALEUR. Des milliers de familles se trouvèrent enveloppées dans une ruine commune.

*

Six années de PAIX terminèrent le règne de Georges Ier; quelques tentatives de guerre contre l'Espagne n'eurent aucun résultat: la France par sa médiation rétablit la bonne intelligence.

La littérature sous ce règne, comme sous le précédent, fut cultivée avec succès, et l'on vit briller de même des talents dans tous les genres.

(a) Lisez Lass.

1727

MORT DE GEORGES Ier.

Le roi, profitant de la tranquillité établie dans le royaume, s'était embarqué pour visiter l'électorat de Hanovre; mais frappé d'une attaque d'apoplexie, il expira dans la soixante huitième année de son âge et la treizième de son règne; on le transporta dans la ville de Hanovre, où il fut inhumé auprès de ses ancêtres.

Georges Ier posséda sans doute de grandes qualités, mais la réputation de sage, dont il jouissait avant de parvenir au trône, fut ternie aux yeux des Anglais par un gouvernement peu conforme à leurs principes et à l'intérêt de la nation; en se rendant maître du parlement, il perdit l'affection de son peuple, le plus grand trésor que puisse avoir un roi.

C'est sous le règne de Georges Ier que se fit l'heureuse découverte de l'inoculation qui, en préservant d'une affreuse maladie, ou du moins en prévenant ses funestes effets, a conservé la vie à des milliers de citoyens (a).

(a) La découverte de la vaccine plus précieuse encore pour l'humanité, fut faite par le docteur Jenner en 1798. Dès ce moment elle remplaça l'inoculation en Angleterre et se propagea bientôt dans toute l'Europe.

GEORGES II,

DEUXIÈME ROI BRUNSWICK-HANOVRE,

de 1727 à 1760.

1727

GEORGES Auguste de Brunswick, fils unique de Georges Ier, lui succéda sans opposition : ce prince, ayant presque toujours vécu dans la disgrâce de son père, n'avait jamais pris aucune part au gouvernement, et cependant dès le commencement de son règne il parut digne de la couronne.

Peu de temps après l'avénement de Georges II, de nouveaux partis se formèrent dans la chambre des communes ; celui de *la cour* et celui de la *patrie* ; le premier favorisait de tout son pouvoir la demande de chaque subside ; le second, nommé aussi le parti de l'opposition, déclamait toujours contre les prérogatives de la couronne.

1727*

A la tête du parti ministériel était sir ROBERT WALPOLE, qui conserva sous ce règne la faveur dont il avait joui déjà sous le précédent : cet habile courtisan s'éleva de l'état le plus obscur au rang de PREMIER MINISTRE et sut bientôt se rendre maître du gouvernement.

Le lord Townshend, renommé pour ses connaissances étendues et le comte de Chesterfield, si connu par son esprit et ses écrits, composèrent avec sir Robert Walpole le ministère du nouveau roi.

Les premières années de ce règne offrent peu d'évènements importants. La guerre avec l'Espagne fut sur le point de se rallumer; mais un traité conclu avec cette puissance rétablit la tranquillité au sein du royaume.

1739

GUERRE CONTRE L'ESPAGNE. PRISE DE PORTO BELLO.

Une contestation s'était élevée de nouveau entre l'Angleterre et l'Espagne; cette dernière puissance prétendait avoir seule le droit de couper du bois dans la baie de Campêche, et faisait saisir en conséquence tous les vaisseaux britanniques qui abordaient dans ces parages. Différents traités assuraient ce droit à l'Angleterre; elle se plaignit; un traité nouveau vint encore apaiser la querelle; mais la nation désirant la guerre en saisit le premier prétexte, et malgré l'opposition des ministres, elle fut bientôt déclarée.

L'amiral Vernon venait d'être nommé au commandement de la flotte anglaise; cet homme opposé au ministère était plein de bravoure et ne connaissait point d'obstacles; il s'engage A PRENDRE AVEC SIX VAISSEAUX DE LIGNE LE FORT ET LE HAVRE

DE PORTO BELLO dans L'AMÉRIQUE MÉRIDIONALE: le succès couronne son entreprise, confond les ministres et accroît les espérances de la nation.

Tandis que Vernon se couvrait de gloire, en Amérique, le commodore Anson, à la tête d'une expédition nouvelle, s'emparait des trésors de l'Espagne et revint chargé de richesses.

Quelques revers ayant suivi ces premiers succès, le mécontentement devint général: on accusa Walpole, qui, ne pouvant résister à ses nombreux ennemis, renonça à tous ses emplois; peu de temps après il fut créé comte d'Oxford.

Le nouveau ministre, loin de chercher à réparer les maux de l'état, y ajouta encore, en joignant la guerre maritime à la guerre continentale.

1745

GUERRE CONTRE LA FRANCE,
BATAILLE DE FONTENOY.

L'empereur Charles VI étant mort, sa fille Marie Thérèse s'était vu tout à coup dépouillée de son héritage par l'électeur de Bavière, qui se fit proclamer empereur lui-même sous le nom de Charles VII: la Prusse et la France venaient de s'unir à lui, lorsque l'Angleterre se déclara pour Marie Thérèse. La Sardaigne et la Hollande vinrent également à son secours.

L'évènement le plus important de cette guerre

générale FUT LA CÉLÈBRE BATAILLE DE FONTENOY
PERDUE PAR LES ANGLAIS contre Louis XV, roi de
France, qui s'y trouvait en personne; celte victoire
éclatante assura une grande supériorité aux Français pendant tout le cours de cette campagne.
Tournay, Gand, Ostende etc., subirent la loi du
vainqueur.

La France avait saisi l'occasion de cette dernière guerre pour faire valoir de nouveau les
droits du vieux prétendant, Jacques III: le prince
Charles Édouard, son fils (appelé aussi le chevalier de Saint-Georges) quitta Rome, où il vivait
dans l'obscurité et tenta un débarquement sur les
côtes d'Angleterre; mais une flotte Anglaise supérieure à celle de France fit échouer cette entreprise.

1746

PRISE DE LOUISBOURG.

Les Anglais continuent la guerre en Amérique
et remportent plusieurs avantages; LOUISBOURG,
PLACE IMPORTANTE, TOMBE EN LEUR POUVOIR. PLU-
SIEURS VAISSEAUX venant du Pérou, chargés de richesses, se TROUVAIENT DANS LE PORT et furent
pris.

Cette ville rendue ensuite aux Français fut reprise de nouveau par l'Angleterre en 1758, et favorisa une branche de commerce très productive,
celle de la pêche. La mer devint ainsi une mine
inépuisable de richesses.

1746*

DÉBARQUEMENT DU PRÉTENDANT, ÉDOUARD.

Malgré son infructueuse expédition, LE PRINCE ÉDOUARD, fils du prétendant Jacques III, n'avait point renoncé à ses espérances: il s'abandonne de nouveau à la fortune et DÉBARQUE EN ÉCOSSE, non point à la tête d'une armée mais accompagné, d'un petit nombre d'amis; celui de ses partisans est bientôt augmenté; enhardi enfin par un premier succès, il se fait PROCLAMER ROI D'ANGLETERRE pour son père Jacques III, et prend lui-même le titre de régent du royaume.

1746**

GUERRE CONTRE LE PRÉTENDANT,
BATAILLE DE CULLODEN.

Georges, étonné de la hardiesse de cette entreprise, réunit des forces contre les rebelles. Ceux-ci sont deux fois vainqueurs à Preston-Pans et à Falkirk; mais le duc de Cumberland, chéri des Anglais, s'étant mis à la tête de l'armée royale, rencontre Édouard dans les plaines de Culloden ET REMPORTE SUR LUI UNE VICTOIRE COMPLÈTE.

Ainsi s'évanouirent les espérances de ce jeune ambitieux, qui se vit en un instant privé de ses trônes imaginaires.

Les vainqueurs, inaccessibles à la pitié, n'écoutèrent que la vengeance et répandirent sur ces malheureuses contrées le carnage et la désolation.

1747

FUITE DU PRÉTENDANT.

Contraint de chercher son salut dans la fuite, Édouard éprouva tout ce que l'infortune a de plus affreux; poursuivi, errant de rochers en rochers, cent fois il fut exposé à être pris et traîné à l'échafaud; ses aventures romanesques offrent une ressemblance frappante avec celles de Charles II : Édouard ainsi que ce prince trouva dans le malheur des amis dévoués, et ses ennemis eux-mêmes lui offrirent des secours.

On raconte qu'un jour accablé de fatigue, mourant de besoin, IL SE TROUVA PRÈS D'UNE HABITATION, dont il connaissait le propriétaire pour un partisan de ses .ennemis. Sans considérer le danger auquel il s'expose, IL APPROCHE. « C'est le fils de « votre roi, dit-il à cet homme, qui vient vous de-« mander du pain et des vêtements; je connais « votre attachement au parti qui m'est opposé, « mais je vous crois trop d'honneur pour abuser « de ma confiance. » Touché de ces paroles et plus encore de la triste situation de ce malheureux prince, l'honnête propriétaire s'empresse de lui offrir tous les secours qui étaient en son pouvoir, et garda son secret avec une inviolable fidélité.

Édouard enfin, après avoir échappé à mille dangers, s'embarqua sur un vaisseau qui faisait voile pour la France et trompant la vigilance de ceux qui le poursuivaient, il arriva sain et sauf en Bretagne, suivi de quelques amis qui avaient partagé constamment sa bonne et sa mauvaise fortune.

Les plus terribles vengeances éclatèrent contre les partisans d'Édouard; ceux qui ne s'étaient point soustraits par la fuite, périrent tous sur l'échafaud.

1756

NOUVELLE GUERRE AVEC LA FRANCE.
VICTOIRES NAVALES DANS L'INDE, etc.

Le traité d'Aix-la-Chapelle avait suspendu la guerre en Europe. Elle se ralluma dans les deux mondes en même temps. Les commencements furent à l'avantage des Français qui s'emparèrent de Port-Mahon, regardé jusqu'alors comme imprenable.

Plus heureux dans L'INDE, les Anglais, sous le commandement du colonel Clive, furent plus d'une fois VAINQUEURS; ils s'emparèrent de Chandernagor et ruinèrent l'établissement qu'avaient les Français sur le Gange et qui jusqu'alors avait facilité leur commerce dans cette partie du monde. Toutes les villes appartenant à la France sur la côte de Coromandel, excepté Pondichéry, furent en peu d'années au pouvoir des Anglais. Pendant ce temps, des troupes Anglaises débarquées en Normandie s'emparèrent de Cherbourg et en démolirent les fortifications.

Tandis que l'Angleterre attaquait la France en Europe et en Asie, la France attaquait l'électorat de Hanovre pour lequel Georges II avait une affection connue. Frédéric roi de Prusse s'engagea à protéger l'électorat, et l'Angleterre à lui fournir des hommes et de l'argent pour concourir à ses opérations.

Frédéric, bien digne du surnom de *Grand*, fit dans cette campagne des prodiges de valeur : de toutes parts environné d'ennemis, il n'avait qu'à paraître pour les dissiper, et vainqueur sans presque combattre, il gagna sur les Français la célèbre bataille de Rosbac où leur armée fut taillée en pièces.

1759

PRISE DE QUEBEC EN CANADA.

Tandis que Frédéric sur le continent s'immortalisait par ses exploits, l'Angleterre poursuivait ses brillants succès en AMÉRIQUE ; un coup décisif acheva de soumettre aux Anglais cette partie du monde, ce fut LA PRISE DE QUEBEC, VILLE SUPERBE, bien peuplée et très florissante. Cette importante conquête fut suivie de la cession entière du Canada, qui depuis cette époque fait partie de l'empire Britannique.

1759*

LES FLOTTES ANGLAISES TOUJOURS TRIOMPHANTES s'emparent de la Guadeloupe, de la Desirade et de

plusieurs îles environnantes. Les Français, dépouillés de toutes leurs possessions d'Asie et d'A-
mérique voient s'anéantir à la fois et leur commerce et leur marine.

Sur le continent le roi de Prusse, recevant toujours de l'Angleterre des secours d'hommes et
d'argent, poursuit la guerre avec les mêmes succès
et gagne sur les Français la célèbre bataille de
Minden, victoire plus glorieuse qu'utile, mais qui
excita néanmoins l'enthousiasme des Anglais.

*

La nation Britannique, à cette époque, offrait
par ses conquêtes un aspect glorieux et imposant.
La supériorité de sa marine lui avait acquis L'EM-
PIRE DES MERS (a); des entreprises aussi brillantes
qu'utiles et toujours couronnées de succès avaient,
en favorisant son commerce, jeté les fondements
de sa véritable grandeur.

1760

MORT DU ROI.

Tandis que ses armes triomphantes assuraient
ses intérêts et sa gloire, Georges II s'avançait au
tombeau. Il fut trouvé expirant dans sa chambre,

(a) Voyez le médaillon de Georges II. — La figure de Neptune
désigne ici *l'empire des mers*: — ou a indiqué de préférence dans ce
médaillon les victoires navales, qui donnent au règne de Georges II
la physionomie caractéristique qui lui est propre

sans avoir ressenti avant d'y entrer aucune atteinte de maladie. Tous les secours de l'art ne
purent le rappeler à la vie. Il prononça quelques
mots encore et demanda à voir la princesse Amé-
lie sa fille, mais il n'existait plus lorsqu'elle arriva.

Georges II termina ainsi à l'âge de soixante dix
sept ans un règne qu'avaient illustré de nombreuses victoires.

Ce prince d'un mérite ordinaire conserva toujours une prédilection marquée pour ses états d'Allemagne, ce qui indisposa souvent les Anglais contre lui. Il fut néanmoins regretté de son peuple,
qui sous son règne avait vu fleurir le commerce
et les arts.

GEORGES III, [a]

TROISIÈME ROI BRUNSWICK-HANOVRE.

de 1760 à 1820.

1760

Georges Guillaume III, né à Londres le 4 juin 1738 de Frédéric Louis, prince de Galles, et d'Auguste de Saxe Gotha, succède à Georges II son aïeul paternel. Lord Bute, qui avait dirigé l'éducation du nouveau roi, fit bientôt partie de son conseil et conserva toujours sur son esprit un empire absolu.

Georges II, en 1757, avait commencé la guerre avec avantage, son successeur la poursuivit avec une activité nouvelle en Europe, en Asie et en Amérique; Pondichéry dans l'Inde, Belle-île sur les côtes de France tombèrent au pouvoir des An-

(a) On observera ici que les événements multipliés du règne de Georges III, ne pouvant trouver place dans un seul médaillon, on a dû se borner à indiquer les faits les plus remarquables et qui pouvaient contribuer surtout à caractériser l'époque. Pour établir quelques liaisons entre des événements placés souvent à une grande distance, il a fallu nécessairement prolonger beaucoup chaque article de l'explication.

glais, qui s'emparent vers la même époque de plusieurs îles de l'Amérique.

*

MINISTÈRES DE PITT (LORD CHATAM) ET DE WILLIAM PITT SON FILS (a).

Ces deux grands hommes illustrèrent tour-à-tour
le règne de Georges III; le premier, déjà ministre
sous Georges II, avait conduit la guerre avec des
succès que n'obtint jamais peut-être aucun de ses
prédécesseurs. Resté au ministère au moment où
Georges III parvint au trône, son administration
sage et éclairée jeta un grand éclat sur les premières années de ce nouveau règne. PITT fut créé
COMTE DE CHATAM par Georges III en récompense
de ses services; il conserva toujours une grande
influence dans le gouvernement, et fut un des plus
illustres orateurs et des plus habiles ministres
qu'ait eus l'Angleterre.

WILLIAM PITT, SON FILS hérita de ses talents, et

(a) Voyez le médaillon de Georges III. — On a réuni dans le
même cadre les portraits de lord Chatam et de William Pitt. Quoique ces deux grands ministres n'aient paru que successivement sur
la scène politique, on a voulu indiquer ainsi l'influence générale de
ces deux personnages sur une partie des événements de ce règne,
et offrir en même temps, par ce rapprochement, l'exemple assez rare
de talents du même genre, héréditaires dans une famille.

Lord Chatam quitta le ministère en 1771 et mourut en 1778. William Pitt son fils fut ministre en 1783 et mourut en 1816 âgé de 45
ans.

dans le ministère où il fut appelé à trois époques différentes, il déploya les ressources de son esprit et l'énergie de son caractère; le royaume enfin SOUS L'ADMINISTRATION SUCCESSIVE DE CES DEUX GRANDS MINISTRES, vit fleurir à la fois LA MARINE, LE COMMERCE ET LES ARTS.

1763

Le TRAITÉ DE PARIS termina au bout de sept années une guerre glorieuse pour l'Angleterre et dont l'objet principal, la sûreté des colonies d'Amérique, se trouvait entièrement rempli.

La grande Bretagne reçut la Floride en échange de la Havanne, elle conserva le Canada, l'île du Cap-Breton, Tabago, la Dominique, Saint-Vincent la Grenade, etc. Mais tant d'avantages ne purent dédommager la nation des dépenses excessives qu'elle avait faites, et qui préparèrent l'énorme fardeau de la dette publique.

Le roi de Portugal accéda au traité qui venait de se conclure. L'Allemagne ayant dans le même temps manifesté des intentions pacifiques, la bonne intelligence ne tarda pas à se rétablir entre les souverains que la guerre avait divisés. A l'exception de quelques dissentions intérieures, l'Angleterre jouit enfin de plusieurs années de paix et de tranquillité.

1778

GUERRE D'AMÉRIQUE.

La guerre d'Amérique est un des évènements les plus importants de ce règne. De nouvelles taxes imposées par le roi d'Angleterre donnèrent lieu aux troubles qui d'abord agitèrent ces contrées. Ce fut la première étincelle d'un feu qui devait embraser toute l'Amérique septentrionale et une partie de l'Europe : l'incendie éclata tout à coup ; les colonies d'Amérique proclamèrent leur indépendance et appelèrent au commandement de l'armée, Wasington député de Virginie, grand homme, citoyen vertueux, qui mérita le nom de *Fabius Américain*.

La guerre se poursuivait déjà avec ardeur, lorsque la France se déclara pour les insurgés, et reconnut l'indépendance absolue et illimitée des États-Unis de l'Amérique septentrionale, et s'engagea en outre à la protéger et à la maintenir.

Le résultat de cette déclaration fut une rupture entre la France et l'Angleterre ; l'Espagne s'unit à la France, la Hollande à l'Angleterre et les hostilités commencèrent aussitôt.

Sur terre, l'armée française commandée par les généraux Lafayette et Rochambeau, celle des Américains sous les ordres de Wasington combattirent les Anglais avec avantage, et forcèrent le lord Cornwallis à se rendre prisonnier avec son armée.

16*

Les succès de la marine furent balancés de part et d'autre (ª); les amiraux français Suffren, d'Estaing, etc. furent plus d'une fois vainqueurs, mais l'amiral anglais Rodney battit à son tour la flotte française commandée par M. de Grasse.

En Europe, les Espagnols firent le siége de Gibraltar, sans pouvoir réussir à enlever cette forteresse aux Anglais.

1783

TRAITÉ DE VERSAILLES.

Tandis que les hostilités continuaient dans les deux mondes on négociait à Paris. William Pitt fils de lord Chatam venait d'être nommé chancelier de l'échiquier à l'âge de vingt deux ans. Il se montra zélé partisan de la paix, de même que M. Fox, parvenu tout récemment aussi au ministère.

Le fruit des négociations fut un traité avec l'Espagne et la France. Par ce traité l'Angleterre reconnut, avec les autres puissances, l'indépendance des États-Unis d'Amérique.

Les Anglais, quelques années avant, avaient porté la guerre dans l'Inde, où ils combattirent sous le commandement de Lord Clive contre le sultan de Mysore, Hyder-Ali et son successeur Tippo-Saïb; ce dernier, après une victoire écla-

---

(a) Voyez le medaillon de Georges III. — La guerre d'Amérique est désignée par des vaisseaux, parce qu'en effet ce fut surtout une guerre maritime.

taute remportée sur les Anglais, traita aussi avec
eux en 1783.

1793

RÉVOLUTION DE FRANCE.
EXÉCUTION DE LOUIS XVI (a).

L'Angleterre avait joui de quelques années de paix, lorsque les
troubles d'un état voisin vinrent de nouveau agiter l'esprit public.

Le gouvernement français fut renversé et l'infortuné Louis XVI,
PRÉCIPITÉ DU TRÔNE, PORTA SA TÊTE SUR L'ÉCHAFAUD.

LE nouveau gouvernement de France prit la
forme républicaine et déclara la guerre à l'Angleterre.

L'Espagne, l'Autriche, la Prusse, se réunirent
à la nation Britannique et les hostilités commencèrent bientôt.

Une flotte Anglo-Espagnole, commandée par
l'amiral Hood s'empara de Toulon port de la Méditerranée; cette ville fut bientôt après reprise
par les Français.

Des troupes sous les ordres du duc d'York furent envoyées sur le continent pour se joindre aux
princes confédérés; mais vivement repoussées par
le général Français Pichegru, qui s'empara de la
Hollande, l'armée Anglaise fut contrainte de s'em-

(a) On a indiqué dans ce médaillon malgré, le peu d'espace, les
grands évènements de France, parcequ'ils eurent la plus grande
influence non seulement sur l'Angleterre, mais sur le monde entier.

barquer avec le stathouder; la Hollande devint dès lors un gouvernement purement républicain.

Ces changements politiques tournèrent à l'avantage de l'Angleterre qui, conservant toujours sa supériorité sur mer, s'empara à cette époque de plusieurs colonies Françaises et Hollandaises.

1798

GUERRE AVEC LA FRANCE.
COMBAT NAVAL D'ABOUKIR.

Vainqueurs en Italie et en Allemagne, les Français sous les ordres du général Bonaparte, avaient contraint toutes les puissances à demander la paix. L'Angleterre seule refusait d'y accéder; irrités de ce refus, les Français tentèrent vainement une descente en Irlande; ils échouèrent dans cette entreprise; mais tandis qu'ils semblaient s'en occuper encore, une flotte de cent quatre vingt quatorze voiles transportait en Égypte quarante mille hommes de troupes françaises commandés par Bonaparte. Après s'être emparé de l'Ile de Malthe, l'armée venait de débarquer au port d'Alexandrie, lorsque l'amiral NELSON qui parcourait les mers à la poursuite de l'ennemi, rencontra l'escadre Française dans la rade d'Aboukir; il lui livra un combat terrible qui fut suivi d'une ÉCLATANTE VICTOIRE pour LES ANGLAIS; deux vaisseaux seulement échappèrent, tout le reste fut pris ou brûlé.

Cette victoire, l'une des plus sanglantes qu'offre

l'histoire maritime, excita l'enthousiasme en Angleterre; lord Nelson comblé de faveurs reçut en récompense de ses services la dignité de pair, et le titre de *baron du Nil.*

Les Français se vengèrent de cette défaite par de nombreux succès, mais la Turquie ayant réuni ses forces à celles de l'Angleterre, le sort de l'Asie fut décidé sous les murs de Saint-Jean-d'Acre; cette ville courageusement défendue par le commodore Sidney Smith résista à Bonaparte qui se vit contraint de lever le siége. Dès ce moment il abandonna la Syrie et peu de temps après l'Égypte.

Tandis que l'armée Anglaise était occupée au dehors, le parlement venait de décider la réunion de l'Irlande à la grande Bretagne; le roi avait sanctionné ce décret de même que la suspension de l'acte *d'Habeas Corpus.*

1799

GUERRE DANS L'INDE.

PRISE DE SERINGAPATAM. MORT DE TIPPO-SAIB.

La guerre avait éclaté de nouveau dans l'Inde contre Tippo-Saïb, sultan de Mysore; ce prince ASSIÉGÉ DANS SA CAPITALE dédaigna tout accommodement, et mourut en héros sur les remparts de la forteresse.

Les Anglais s'emparèrent du royaume de Mysore, et cette dernière conquête assura leur domination dans l'Inde. Le marquis de Wellesley, depuis lord *Wellington,* avait dirigé les opérations de la guerre avec talents et succès.

1799*

GUERRE CONTRE LA HOLLANDE.

L'Angleterre jointe à la Russie tente une nouvelle ENTREPRISE sur la HOLLANDE; une flotte composée de cent cinquante vaisseaux, et commandée par l'amiral Duncan se présente dans la rade du Texel, et somme le commandant Batave de se rendre, en lui annonçant que de nouveaux renforts vont se joindre à lui: « Si j'étais capable d'une « telle lâcheté, répond le brave Story à l'amiral « Anglais, je serais digne de l'amitié de lord Duncan et perdrais l'estime de tout homme de bien: « vos forces peuvent redoubler, mes sentiments « n'en resteront pas moins les mêmes, ainsi, milord, attendez de moi une défense digne de ma « nation et de mon honneur. » Le combat s'engage aussitôt et la flotte Anglaise est VICTORIEUSE.

La descente s'effectua, mais l'armée de terre sous les ordres du duc d'York n'eut pas les mêmes succès; le général français, Brune, étant venu au secours de la Hollande, remporta plusieurs avantages sur les Russes et les Anglais, et les força bientôt à évacuer la Hollande.

Vers la même époque les Anglais firent une descente au Ferrol en Espagne; ils s'emparèrent aussi de l'Ile de Malthe malgré la longue et courageuse résistance des Français. En Amérique et dans l'Inde, l'armée navale obtint également des succès, LA MARINE ANGLAISE enfin signalait sa supériorité dans les quatre parties du monde (ᵃ); ses innombrables vaisseaux couvraient l'Océan, la Baltique, et la Méditerranée; mais ces brillantes expéditions ajoutaient plus à la gloire de la nation qu'à sa prospérité; et fatigués d'une lutte aussi dispendieuse, des deux côtés on aspirait à la paix; elle fut signée à Amiens le 13 avril 1801. Elle dura peu, les conditions de part et d'autre n'ayant pas été exactement remplies, la guerre se ralluma bientôt.

1804

Le gouvernement français subit un nouveau changement; Bonaparte, qui de général était devenu premier consul, fut proclamé EMPEREUR DES FRANÇAIS, et peu de temps après, roi d'Italie sous le nom de NAPOLÉON Iᵉʳ.

Occupé plus que jamais de l'entreprise qu'il méditait sur l'Angleterre, il était venu à Boulogne pour en hâter les préparatifs. L'Angleterre, pour détourner l'orage dont elle était menacée, engage la Russie et l'Autriche à se liguer de nouveau contre la France, s'obligeant à fournir d'énormes subsides aux puissances coalisées. A cette nouvelle Napoléon fait lever aussitôt le camp de Boulogne,

---

(a) Voyez le médaillon de Georges III. — Le vaisseau qui indique la guerre de Hollande doit en même temps rappeler les différents succès de la marine Anglaise, qui à cette époque signalait de plus en plus sa supériorité

et le transporte en toute hâte des bords de l'Océan aux rives du Danube.

1805

GUERRE CONTRE L'ESPAGNE ET LA FRANCE, COMBAT DE TRAFALGAR.

L'amiral Nelson venait de prendre le commandement de la flotte devant Cadix, où se trouvaient réunies les escadres Espagnole et Française. Impatient de rencontrer l'ennemi, il le poursuit, l'atteint près du cap de Trafalgar et livre au milieu des tempêtes le combat le plus sanglant. LA VICTOIRE FUT COMPLÈTE POUR LES ANGLAIS, mais elle coûta la vie à l'amiral Nelson. Combattant sur le vaisseau le *Victory*, il reçut un coup de mousquet tiré du haut d'un mât, et expira peu d'instants après. La mort de ce célèbre marin fut un deuil pour sa patrie (ᵃ).

Tandis que la marine Anglaise signalait sa valeur à Trafalgar, moins heureux en Allemagne, les princes coalisés étaient contraints de céder aux armes des Français qui, vainqueurs à la journée d'Austerlitz, s'étaient rendus maîtres de la capitale de l'Autriche. Toutes les puissances, excepté l'An-

---

(a) Le corps de Nelson fut transporté à Londres sur le vaisseau le *Victory*, où il avait reçu la mort; le cercueil dans lequel il fut déposé pendant le voyage était fait avec le bout d'un mât d'un des vaisseaux qu'il avait commandés. — Le *drapeau noir* placé sur le vaisseau indique la mort de Nelson en même temps que sa victoire.

gleterre, traitèrent avec la France. Napoléon à cette époque fut déclaré protecteur de la confédération du Rhin.

L'Angleterre peu de temps après la mort de Nelson perdit encore un des grands hommes qui l'avaient illustrée; M^r. Pitt mourut à l'âge de quarante cinq ans, après avoir occupé le ministère vingt-deux ans à trois époques différentes. l'amiral Cornwallis, gouverneur général de l'Inde et M^r. Fox terminèrent leur carrière vers la même époque.

1808, etc.

GUERRE D'ESPAGNE.

Charles IV, roi d'Espagne, ayant abdiqué, Napoléon veut placer son frère Joseph sur le trône d'Espagne; l'Angleterre s'y oppose et se joint au parti Espagnol qui refuse de reconnaître le nouveau roi.

La guerre éclate et se poursuit avec DES SUCCÈS BALANCÉS DE PART ET D'AUTRE (ᵃ); des places sont prises et reprises; des marches lentes et combinées sont opposées à l'impétuosité française; sir

---

(a) La guerre d'Espagne, qui dura six années consécutives depuis 1808 jusqu'en 1814, offre une multitude d'évènements qu'il n'était pas possible d'envisager ni de présenter dans leurs détails. On n'a donc pu indiquer que vaguement dans le médaillon *cette alternative de succès, de revers* qu'eurent tour à tour les deux nations unies aux deux partis qui divisaient l'Espagne.

Arthur Wellesley, qui déjà s'était distingué dans la guerre de l'Inde, commandait l'armée anglaise; temporisant, évitant les batailles rangées, il livre une multitude de combats partiels et cherche à déconcerter les plans de Napoléon, en traînant en longueur une guerre sanglante, où l'on vit porter à l'excès les fureurs du fanatisme religieux et politique.

Après avoir gagné sur Joseph Bonaparte la sanglante bataille de Talaveyra, sir Wellesley fut crée pair avec le titre de *lord Wellington*, au mois de juin 1809.

1811

RÉGENCE DU PRINCE DE GALLES,
DÉMENCE DU ROI.

Atteint plusieurs fois d'une aliénation mentale qui n'avait été que momentanée (a), Georges III en fut menacé de nouveau. Les symptômes les plus alarmants laissant peu d'espoir de guérison, le parlement défère LA RÉGENCE AU PRINCE DE GALLES, qui l'accepte avec des restrictions, dont les principales clauses portent qu'aucun acte du régent ne sera valide, à moins qu'il ne soit rendu au nom du roi, que le régent sera regardé comme revêtu d'une charge déléguée, qu'il sera privé du

---

En 1788, 1792, 1804. La maladie du roi à ces différentes époques dura peu, et donna lieu néanmoins dans le parlement à de vives discussions sur la régence.

droit de conférer la pairie, de donner la sanction royale à un bill et de révoquer les bills existants.

Le soin de S. M. Britannique fut confié à la reine.

La démence du roi n'ayant point cessé depuis ce moment jusqu'à sa mort, on peut en quelque sorte dater de cette époque la fin de son règne, puisqu'en effet il fut dès lors hors d'état de gouverner.

de 1812 à 1824

SUITE DE LA GUERRE D'ESPAGNE.

Cette guerre désastreuse qui couvrait la péninsule de ruines et de tombeaux, se poursuivait toujours avec les mêmes ALTERNATIVES DE REVERS ET DE SUCCÈS et sans amener aucun résultat. La bataille de Vittoria gagnée par les Anglais fut plus décisive; une partie de l'armée française commandée par le maréchal Soult fut contrainte de repasser les Pyrénées, après avoir perdu son artillerie et une grande partie de ses bagages. Peu de temps après la prise de Pampelune, capitale de la Navarre, força encore les Français à évacuer cette partie de l'Espagne.

Lord Wellington se préparait à porter la guerre en France, lorsque l'Europe entière coalisée contre cette puissance vint envahir son territoire.

1814

NOUVEAUX SUCCÈS DE LA MARINE ANGLAISE.

Tandis que la guerre embrasait tout le continent, la MARINE ANGLAISE avait cueilli de nouveaux lauriers dans l'Inde et s'était emparée de plusieurs îles importantes.

Les hostilités continuaient en même temps dans les États-Unis d'Amérique, où les Anglais obtenaient également des succès.

Peu d'années avant, L'Amérique méridionale avait aussi proclamé son indépendance.

1814*

TRAITÉ DE PARIS.

Malgré la courageuse résistance des Français, l'armée innombrable des princes alliés venait de s'emparer de leur capitale. Au même moment les Anglais pénétraient en France du côté de l'Espagne. Le TRAITÉ DE PARIS vint suspendre les hostilités: par ce traité conclu entre les puissances coalisées et le gouvernement français, Napoléon fut déchu de la couronne et l'ancienne dynastie rappelée sur le trône.

Louis-Stanislas-Xavier de France, frère du dernier roi, qui était alors en Angleterre, où depuis quelques années il avait trouvé un asile, revint bientôt en France prendre possession de son royaume sous le nom de Louis XVIII.

Ce prince traita de nouveau avec les souverains alliés, et il fut convenu que la France serait réduite à ses anciennes limites, et qu'une partie de ses colonies lui serait restituée: la souveraineté de l'île d'Elbe fut accordée à Napoléon.

Ferdinand VII, fils de Charles IV, fut rétabli sur le trône d'Espagne, qu'avait occupé Joseph Bonaparte.

La même année un traité fut conclu à Gand entre l'Angleterre et les États-Unis d'Amérique.

1815

NOUVELLE GUERRE AVEC LA FRANCE, BATAILLE DE WATERLOO.

La tranquillité à peine rétablie fut troublée de nouveau: Napoléon, ayant quitté secrètement l'île d'Elbe, débarque au port de Fréjus avec une faible escorte: il traverse ainsi la France entière et arrive le 20 Mars à Paris, au moment où Louis XVIII s'était vu contraint de quitter sa capitale pour se retirer à Gand.

Les princes alliés réunissent de nouveau leurs forces contre Napoléon; l'armée sous les ordres du duc de Wellington livre le 18 Juin la sanglante bataille de Waterloo et REMPORTE UNE VICTOIRE COMPLÈTE SUR LES FRANÇAIS.

Dans cette journée mémorable, on vit de vieilles phalanges Françaises accoutumées à la victoire, refuser de se rendre, préférant ainsi la mort au déshonneur.

Napoléon après ce désastre revint à Paris et abdiqua la couronne en faveur de son fils.

Les alliés, vainqueurs à Waterloo, marchèrent sur Paris qui leur ouvrit ses portes d'après une convention. Le roi de France, Louis XVIII fut aussitôt rappelé et rétabli sur le trône.

1815*

TRAITÉ AVEC LA FRANCE.

Le TRAITÉ signé à Paris par les princes alliés et le roi de France, rend la paix à l'Europe entière. Par ce second traité une armée d'occupation devait rester cinq ans en France. L'Angleterre en conséquence y laissa une garnison qui fut retirée ainsi que les autres en 1818.

Napoléon, fugitif, s'était embarqué à Rochefort, et comptant sur la générosité de la nation anglaise il allait lui demander un asile, lorsqu'il fut retenu prisonnier par les Anglais eux-mêmes et peu de temps après relégué sur le rocher de Sainte-Hélène où il fut gardé jusqu'à sa mort.

1816

PAIX GÉNÉRALE.

La guerre ayant cessé sur tous les points, la tranquillité fut rendue à l'Angleterre. Quelques mouvements populaires, quelques dissentions intérieures vinrent à différentes époques la troubler encore; mais l'histoire n'offre plus aucun évènement remarquable depuis ce moment jusqu'à la fin du règne ou plutôt de la vie de Georges III.

Ce prince aimait LES ARTS ET LES SCIENCES et les favorisa plus qu'aucun de ses prédécesseurs de la maison de Brunswick. Il créa une académie royale destinée à former des élèves pour l'architecture, la sculpture et la peinture.

1820

MORT DU ROI.

Georges dont l'état de démence, continuait depuis neuf années, cessa d'exister le 29 Janvier 1820.

Ce prince posséda les vertus privées à un plus haut degré que celles d'un roi. Bon père, bon époux, il vivait en simple particulier dans l'intérieur de sa famille, et avait pour tous ceux qui l'approchaient un accueil plein de douceur et d'affabilité.

La marine qui, sous le règne précédent, avait acquis déjà une grande supériorité, brilla d'un nouvel éclat sous celui de Georges III; le commerce et l'industrie firent également de nouveaux progrès. Enfin l'état florissant où était alors parvenue l'Angleterre, semble s'accroître chaque jour, et trouve aujourd'hui une nouvelle garantie dans un gouvernement plein de sagesse, source première de la prospérité des empires.

TABLE DES MATIÈRES.

Ier. TABLEAU.

ROIS SAXONS (depuis l'an 800 jusqu'en 1017.

2ème. TABLEAU.

ROIS DANOIS.

ROIS SAXONS.

POUR LA SECONDE FOIS.

ROIS NORMANDS.

3èm. TABLEAU.

ROIS PLANTAGENET.

(*Nota*) C'est à dater de l'établissement des rois Normands
en Angleterre qu'Édouard est regardé comme *le 1e du nom*.

BRANCHE DE LANCASTRE.

BRANCHE D'YORK.

4ème. TABLEAU.

ROIS TUDOR.

ROIS STUART.

ROIS NASSAU-ORANGE.

ROIS BRUNSWICK-HANOVRE.

FIN DE LA TABLE DES MATIÈRES.

ERRATA.

Page 11 ligne 23, *trente-trois* lisez *vingt-huit.*
Page 102 ligne 3, *en but* lisez *en butte.*
Page 118 ligne 1, *fils* lisez *père.*
Page 152 ligne 2, *reçu* lisez *conçu.*
Page 153 ligne 10, *en but* lisez *en butte.*
Page 161 ligne 3, *nécessaire* lisez *nécessaires.*

www.ingramcontent.com/pod-product-compliance
Ingram Content Group UK Ltd.
Pitfield, Milton Keynes, MK11 3LW, UK
UKHW021508090726
13657UKWH00001B/113